は　し　が　き

　平成29年3月に告示された小学校学習指導要領が，令和2年度から全面実施されます。

　今回の学習指導要領では，各教科等の目標及び内容が，育成を目指す資質・能力の三つの柱（「知識及び技能」，「思考力，判断力，表現力等」，「学びに向かう力，人間性等」）に沿って再整理され，各教科等でどのような資質・能力の育成を目指すのかが明確化されました。これにより，教師が「子供たちにどのような力が身に付いたか」という学習の成果を的確に捉え，主体的・対話的で深い学びの視点からの授業改善を図る，いわゆる「指導と評価の一体化」が実現されやすくなることが期待されます。

　また，子供たちや学校，地域の実態を適切に把握した上で教育課程を編成し，学校全体で教育活動の質の向上を図る「カリキュラム・マネジメント」についても明文化されました。カリキュラム・マネジメントの一側面として，「教育課程の実施状況を評価してその改善を図っていくこと」がありますが，このためには，教育課程を編成・実施し，学習評価を行い，学習評価を基に教育課程の改善・充実を図るというPDCAサイクルを確立することが重要です。このことも，まさに「指導と評価の一体化」のための取組と言えます。

　このように，「指導と評価の一体化」の必要性は，今回の学習指導要領において，より一層明確なものとなりました。そこで，国立教育政策研究所教育課程研究センターでは，「幼稚園，小学校，中学校，高等学校及び特別支援学校の学習指導要領等の改善及び必要な方策等について（答申）」（平成28年12月21日中央教育審議会）をはじめ，「児童生徒の学習評価の在り方について（報告）」（平成31年1月21日中央教育審議会初等中等教育分科会教育課程部会）や「小学校，中学校，高等学校及び特別支援学校等における児童生徒の学習評価及び指導要録の改善等について」（平成31年3月29日付初等中等教育局長通知）を踏まえ，このたび「『指導と評価の一体化』のための学習評価に関する参考資料」を作成しました。

　本資料では，学習評価の基本的な考え方や，各教科等における評価規準の作成及び評価の実施等について解説しているほか，各教科等別に単元や題材に基づく学習評価について事例を紹介しています。各学校においては，本資料や各教育委員会等が示す学習評価に関する資料などを参考としながら，学習評価を含むカリキュラム・マネジメントを円滑に進めていただくことで，「指導と評価の一体化」を実現し，子供たちに未来の創り手となるために必要な資質・能力が育まれることを期待します。

　最後に，本資料の作成に御協力くださった方々に心から感謝の意を表します。

　令和2年3月

国立教育政策研究所

教育課程研究センター長

笹　井　弘　之

目次

第1編　総説　　　　　　　　　　　　　　　　　　　　　　　　　　　　　……　　1
　第1章　平成29年改訂を踏まえた学習評価の改善　　　　　　　　　　　……　　3
　　1　はじめに
　　2　平成29年改訂を踏まえた学習評価の意義
　　3　平成29年改訂を受けた評価の観点の整理
　　4　平成29年改訂学習指導要領における各教科の学習評価
　　5　改善等通知における特別の教科　道徳，外国語活動（小学校），総合的な学習の時間，特
　　　別活動の指導要録の記録
　　6　障害のある児童生徒の学習評価について
　　7　評価の方針等の児童生徒や保護者への共有について
　第2章　学習評価の基本的な流れ　　　　　　　　　　　　　　　　　　　……　　13
　　1　各教科における評価規準の作成及び評価の実施等について
　　2　総合的な学習の時間における評価規準の作成及び評価の実施等について
　　3　特別活動の「評価の観点」とその趣旨，並びに評価規準の作成及び評価の実施等について
　（参考）　　平成23年「評価規準の作成，評価方法等の工夫改善のための参考資料」か　……　　22
　　　　らの変更点について

第2編　「内容のまとまりごとの評価規準」を作成する際の手順　　　　　　……　　25
　　1　小学校外国語科の「内容のまとまり」
　　2　小学校外国語科における「内容のまとまりごとの評価規準」作成の基本的な手順
　　3　小学校外国語科における「内容のまとまりごとの評価規準」作成の手順

第3編　単元ごとの学習評価について（事例）　　　　　　　　　　　　　　……　　35
　第1章　「内容のまとまり（五つの領域）ごとの評価規準」の考え方を踏まえた評価規　……　　37
　　　　準の作成
　　1　本編事例における学習評価の進め方について
　　2　単元の評価規準の作成のポイント
　第2章　学習評価に関する事例について　　　　　　　　　　　　　　　　……　　43
　　1　事例の特徴
　　2　各事例概要一覧と事例
　　事例1　キーワード　　指導改善・学習改善，「聞くこと」「話すこと［やり取り］」　……　　45
　　　　　　　　　　　　における評価，指導の計画から評価の総括まで
　　　　We Can! 1　Unit 2「When is your birthday?」（第5学年）
　　事例2　キーワード　　「話すこと［発表］」における評価　　　　　　　　……　　58
　　　　We Can! 1　Unit 5「She can run fast. He can sing well.」（第5学年）
　　事例3　キーワード　　複数の単元を通した「主体的に学習に取り組む態度」　……　　65
　　　　　　　　　　　　の評価，「話すこと［発表］」「書くこと」における評価
　　　　We Can! 2　Unit 1「This is ME!」・Unit 2「Welcome to Japan.」（第6学年）
　　事例4　キーワード　　「読むこと」「話すこと［発表］」「書くこと」における評価　……　　77
　　　　We Can! 2　Unit 4「I like my town.」（第6学年）
　　事例5　キーワード　　「話すこと［やり取り］」における評価　　　　　　……　　88
　　　　Let's Try! 1　Unit 7　「This is for you.」（第3学年）
　　事例6　キーワード　　「聞くこと」「話すこと［発表］」における評価　　　……　　92
　　　　Let's Try! 2　Unit 5　「Do you have a pen?」（第4学年）

巻末資料　　　　　　　　　　　　　　　　　　　　　　　　　　　　　　　……　　97
　・　外国語活動における「内容のまとまりごとの評価規準」を作成する際の手順
　・　評価規準，評価方法等の工夫改善に関する調査研究について（平成31年2月4日，国立教育政
　　策研究所長裁定）
　・　評価規準，評価方法等の工夫改善に関する調査研究協力者
　・　学習指導要領等関係資料について
　・　学習評価の在り方ハンドブック（小・中学校編）
　※本冊子については，改訂後の常用漢字表（平成22年11月30日内閣告示）に基づいて表記していま
　す。（学習指導要領及び初等中等教育局長通知等の引用部分を除く）

第1編

総説

第1編　総説

本編においては，以下の資料について，それぞれ略称を用いることとする。

答申：「幼稚園，小学校，中学校，高等学校及び特別支援学校の学習指導要領等の改善
　　　及び必要な方策等について（答申）」　平成28年12月21日　中央教育審議会
報告：「児童生徒の学習評価の在り方について（報告）」　平成31年1月21日　中央教
　　　育審議会　初等中等教育分科会　教育課程部会
改善等通知：「小学校，中学校，高等学校及び特別支援学校等における児童生徒の学習
　　　評価及び指導要録の改善等について（通知）」　平成31年3月29日　初等中等
　　　教育局長通知

第1章　平成29年改訂を踏まえた学習評価の改善

1　はじめに

　学習評価は，学校における教育活動に関し，児童生徒の学習状況を評価するものである。答申にもあるとおり，児童生徒の学習状況を的確に捉え，教師が指導の改善を図るとともに，児童生徒が自らの学びを振り返って次の学びに向かうことができるようにするためには，学習評価の在り方が極めて重要である。

　各教科等の評価については，学習状況を分析的に捉える「観点別学習状況の評価」と「評定」が学習指導要領に定める目標に準拠した評価として実施するものとされている[1]。観点別学習状況の評価とは，学校における児童生徒の学習状況を，複数の観点から，それぞれの観点ごとに分析する評価のことである。児童生徒が各教科等での学習において，どの観点で望ましい学習状況が認められ，どの観点に課題が認められるかを明らかにすることにより，具体的な学習や指導の改善に生かすことを可能とするものである。各学校において目標に準拠した観点別学習状況の評価を行うに当たっては，観点ごとに評価規準を定める必要がある。評価規準とは，観点別学習状況の評価を的確に行うため，学習指導要領に示す目標の実現の状況を判断するよりどころを表現したものである。本参考資料は，観点別学習状況の評価を実施する際に必要となる評価規準等，学習評価を行うに当たって参考となる情報をまとめたものである。

　以下，文部省指導資料から，評価規準について解説した部分を参考として引用する。

---

[1] 各教科の評価については，観点別学習状況の評価と，これらを総括的に捉える「評定」の両方について実施するものとされており，観点別学習状況の評価や評定には示しきれない児童生徒の一人一人のよい点や可能性，進歩の状況については，「個人内評価」として実施するものとされている。（P.6～11に後述）

（参考）評価規準の設定（抄）

（文部省「小学校教育課程一般指導資料」（平成5年9月）より）

　新しい指導要録（平成3年改訂）では，観点別学習状況の評価が効果的に行われるようにするために，「各観点ごとに学年ごとの評価規準を設定するなどの工夫を行うこと」と示されています。

　これまでの指導要録においても，観点別学習状況の評価を適切に行うため，「観点の趣旨を学年別に具体化することなどについて工夫を加えることが望ましいこと」とされており，教育委員会や学校では目標の達成の度合いを判断するための基準や尺度などの設定について研究が行われてきました。

　しかし，それらは，ともすれば知識・理解の評価が中心になりがちであり，また「目標を十分達成（＋）」，「目標をおおむね達成（空欄）」及び「達成が不十分（－）」ごとに詳細にわたって設定され，結果としてそれを単に数量的に処理することに陥りがちであったとの指摘がありました。

　今回の改訂においては，学習指導要領が目指す学力観に立った教育の実践に役立つようにすることを改訂方針の一つとして掲げ，各教科の目標に照らしてその実現の状況を評価する観点別学習状況を各教科の学習の評価の基本に据えることとしました。したがって，評価の観点についても，学習指導要領に示す目標との関連を密にして設けられています。

　このように，学習指導要領が目指す学力観に立つ教育と指導要録における評価とは一体のものであるとの考え方に立って，各教科の目標の実現の状況を「関心・意欲・態度」，「思考・判断・表現」，「技能・表現（または技能）」及び「知識・理解」の観点ごとに適切に評価するため，「評価規準を設定する」ことを明確に示しているものです。

　「評価規準」という用語については，先に述べたように，新しい学力観に立って子供たちが自ら獲得し身に付けた資質や能力の質的な面，すなわち，学習指導要領の目標に基づく幅のある資質や能力の育成の実現状況の評価を目指すという意味から用いたものです。

2　平成29年改訂を踏まえた学習評価の意義

（1）学習評価の充実

　平成29年改訂小・中学校学習指導要領総則においては，学習評価の充実について新たに項目が置かれた。具体的には，学習評価の目的等について以下のように示し，単元や題材など内容や時間のまとまりを見通しながら，児童生徒の主体的・対話的で深い学びの実現に向けた授業改善を行うと同時に，評価の場面や方法を工夫して，学習の過程や成果を評価することを示し，授業の改善と評価の改善を両輪として行っていくことの必要性を明示した。

> ・児童のよい点や進歩の状況などを積極的に評価し，学習したことの意義や価値を実感できるようにすること。また，各教科等の目標の実現に向けた学習状況を把握する観点から，単元や題材など内容や時間のまとまりを見通しながら評価の場面や方法を工夫して，学習の過程や成果を評価し，指導の改善や学習意欲の向上を図り，資質・能力の育成に生かすようにすること。
> ・創意工夫の中で学習評価の妥当性や信頼性が高められるよう，組織的かつ計画的な取組を推進するとともに，学年や学校段階を越えて児童の学習の成果が円滑に接続されるように工夫すること。

（小学校学習指導要領第1章総則　第3教育課程の実施と学習評価　2学習評価の充実）
（中学校学習指導要領にも同旨）

（2）カリキュラム・マネジメントの一環としての指導と評価

　　各学校における教育活動の多くは，学習指導要領等に従い児童生徒や地域の実態を踏まえて編成された教育課程の下，指導計画に基づく授業（学習指導）として展開される。各学校では，児童生徒の学習状況を評価し，その結果を児童生徒の学習や教師による指導の改善や学校全体としての教育課程の改善等に生かしており，学校全体として組織的かつ計画的に教育活動の質の向上を図っている。このように，「学習指導」と「学習評価」は学校の教育活動の根幹に当たり，教育課程に基づいて組織的かつ計画的に教育活動の質の向上を図る「カリキュラム・マネジメント」の中核的な役割を担っている。

（3）主体的・対話的で深い学びの視点からの授業改善と評価

　　指導と評価の一体化を図るためには，児童生徒一人一人の学習の成立を促すための評価という視点を一層重視し，教師が自らの指導のねらいに応じて授業での児童生徒の学びを振り返り，学習や指導の改善に生かしていくことが大切である。すなわち，平成29年改訂学習指導要領で重視している「主体的・対話的で深い学び」の視点からの授業改善を通して各教科等における資質・能力を確実に育成する上で，学習評価は重要な役割を担っている。

（4）学習評価の改善の基本的な方向性

　　（1）～（3）で述べたとおり，学習指導要領改訂の趣旨を実現するためには，学習評価の在り方が極めて重要であり，すなわち，学習評価を真に意味のあるものとし，指導と評価の一体化を実現することがますます求められている。
　　このため，報告では，以下のように学習評価の改善の基本的な方向性が示された。
　　① 児童生徒の学習改善につながるものにしていくこと
　　② 教師の指導改善につながるものにしていくこと
　　③ これまで慣行として行われてきたことでも，必要性・妥当性が認められないものは見直していくこと

3 平成29年改訂を受けた評価の観点の整理

　平成29年改訂学習指導要領においては，知・徳・体にわたる「生きる力」を児童生徒に育むために「何のために学ぶのか」という各教科等を学ぶ意義を共有しながら，授業の創意工夫や教科書等の教材の改善を引き出していくことができるようにするため，全ての教科等の目標及び内容を「知識及び技能」，「思考力，判断力，表現力等」，「学びに向かう力，人間性等」の育成を目指す資質・能力の三つの柱で再整理した（図1参照）。知・徳・体のバランスのとれた「生きる力」を育むことを目指すに当たっては，各教科等の指導を通してどのような資質・能力の育成を目指すのかを明確にしながら教育活動の充実を図ること，その際には，児童生徒の発達の段階や特性を踏まえ，資質・能力の三つの柱の育成がバランスよく実現できるよう留意する必要がある。

図1

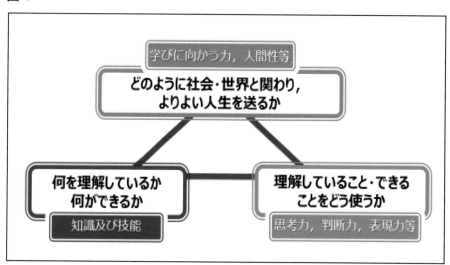

　観点別学習状況の評価については，こうした教育目標や内容の再整理を踏まえて，小・中・高等学校の各教科を通じて，4観点から3観点に整理された。（図2参照）

図2

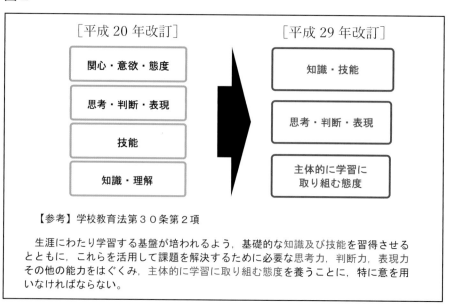

4　平成29年改訂学習指導要領における各教科の学習評価

　各教科の学習評価においては，平成29年改訂においても，学習状況を分析的に捉える「観点別学習状況の評価」と，これらを総括的に捉える「評定」の両方について，学習指導要領に定める目標に準拠した評価として実施するものとされた。改善等通知では，以下のように示されている。

【小学校児童指導要録】

　［各教科の学習の記録］

Ⅰ　観点別学習状況

　　学習指導要領に示す各教科の目標に照らして，その実現状況を観点ごとに評価し記入する。その際，

　　　　「十分満足できる」状況と判断されるもの：A

　　　　「おおむね満足できる」状況と判断されるもの：B

　　　　「努力を要する」状況と判断されるもの：C

　のように区別して評価を記入する。

Ⅱ　評定（第3学年以上）

　　各教科の評定は，学習指導要領に示す各教科の目標に照らして，その実現状況を，

　　　　「十分満足できる」状況と判断されるもの：3

　　　　「おおむね満足できる」状況と判断されるもの：2

　　　　「努力を要する」状況と判断されるもの：1

　のように区別して評価を記入する。

　　評定は各教科の学習の状況を総括的に評価するものであり，「観点別学習状況」において掲げられた観点は，分析的な評価を行うものとして，各教科の評定を行う場合において基本的な要素となるものであることに十分留意する。その際，評定の適切な決定方法等については，各学校において定める。

【中学校生徒指導要録】

（学習指導要領に示す必修教科の取扱いは次のとおり）

　［各教科の学習の記録］

Ⅰ　観点別学習状況（小学校児童指導要録と同じ）

　　学習指導要領に示す各教科の目標に照らして，その実現状況を観点ごとに評価し記入する。その際，

　　　　「十分満足できる」状況と判断されるもの：A

　　　　「おおむね満足できる」状況と判断されるもの：B

　　　　「努力を要する」状況と判断されるもの：C

　のように区別して評価を記入する。

Ⅱ　評定

　　各教科の評定は，学習指導要領に示す各教科の目標に照らして，その実現状況を，

「十分満足できるもののうち，特に程度が高い」状況と判断されるもの：5

「十分満足できる」状況と判断されるもの：4

「おおむね満足できる」状況と判断されるもの：3

「努力を要する」状況と判断されるもの：2

「一層努力を要する」状況と判断されるもの：1

のように区別して評価を記入する。

評定は各教科の学習の状況を総括的に評価するものであり，「観点別学習状況」において掲げられた観点は，分析的な評価を行うものとして，各教科の評定を行う場合において基本的な要素となるものであることに十分留意する。その際，評定の適切な決定方法等については，各学校において定める。

また，観点別学習状況の評価や評定には示しきれない児童生徒一人一人のよい点や可能性，進歩の状況については，「個人内評価」として実施するものとされている。改善等通知においては，「観点別学習状況の評価になじまず個人内評価の対象となるものについては，児童生徒が学習したことの意義や価値を実感できるよう，日々の教育活動等の中で児童生徒に伝えることが重要であること。特に『学びに向かう力，人間性等』のうち『感性や思いやり』など児童生徒一人一人のよい点や可能性，進歩の状況などを積極的に評価し児童生徒に伝えることが重要であること。」と示されている。

「3　平成29年改訂を受けた評価の観点の整理」も踏まえて各教科における評価の基本構造を図示化すると，以下のようになる。（図3参照）

図3

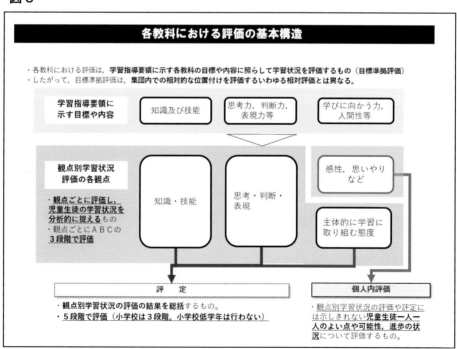

上記の，「各教科における評価の基本構造」を踏まえた3観点の評価それぞれについて

の考え方は，以下の（1）～（3）のとおりとなる。なお，この考え方は，外国語活動（小学校），総合的な学習の時間，特別活動においても同様に考えることができる。

（1）「知識・技能」の評価について

　「知識・技能」の評価は，各教科等における学習の過程を通した知識及び技能の習得状況について評価を行うとともに，それらを既有の知識及び技能と関連付けたり活用したりする中で，他の学習や生活の場面でも活用できる程度に概念等を理解したり，技能を習得したりしているかについても評価するものである。

　「知識・技能」におけるこのような考え方は，従前の「知識・理解」（各教科等において習得すべき知識や重要な概念等を理解しているかを評価），「技能」（各教科等において習得すべき技能を身に付けているかを評価）においても重視してきたものである。

　具体的な評価の方法としては，ペーパーテストにおいて，事実的な知識の習得を問う問題と，知識の概念的な理解を問う問題とのバランスに配慮するなどの工夫改善を図るとともに，例えば，児童生徒が文章による説明をしたり，各教科等の内容の特質に応じて，観察・実験したり，式やグラフで表現したりするなど，実際に知識や技能を用いる場面を設けるなど，多様な方法を適切に取り入れていくことが考えられる。

（2）「思考・判断・表現」の評価について

　「思考・判断・表現」の評価は，各教科等の知識及び技能を活用して課題を解決する等のために必要な思考力，判断力，表現力等を身に付けているかを評価するものである。

　「思考・判断・表現」におけるこのような考え方は，従前の「思考・判断・表現」の観点においても重視してきたものである。「思考・判断・表現」を評価するためには，教師は「主体的・対話的で深い学び」の視点からの授業改善を通じ，児童生徒が思考・判断・表現する場面を効果的に設計した上で，指導・評価することが求められる。

　具体的な評価の方法としては，ペーパーテストのみならず，論述やレポートの作成，発表，グループでの話合い，作品の制作や表現等の多様な活動を取り入れたり，それらを集めたポートフォリオを活用したりするなど評価方法を工夫することが考えられる。

（3）「主体的に学習に取り組む態度」の評価について

　答申において「学びに向かう力，人間性等」には，①「主体的に学習に取り組む態度」として観点別学習状況の評価を通じて見取ることができる部分と，②観点別学習状況の評価や評定にはなじまず，こうした評価では示しきれないことから個人内評価を通じて見取る部分があることに留意する必要があるとされている。すなわち，②については観点別学習状況の評価の対象外とする必要がある。

　「主体的に学習に取り組む態度」の評価に際しては，単に継続的な行動や積極的な発言を行うなど，性格や行動面の傾向を評価するということではなく，各教科等の「主体的に学習に取り組む態度」に係る観点の趣旨に照らして，知識及び技能を習得したり，

思考力，判断力，表現力等を身に付けたりするために，自らの学習状況を把握し，学習の進め方について試行錯誤するなど自らの学習を調整しながら，学ぼうとしているかどうかという意思的な側面を評価することが重要である。

　従前の「関心・意欲・態度」の観点も，各教科等の学習内容に関心をもつことのみならず，よりよく学ぼうとする意欲をもって学習に取り組む態度を評価するという考え方に基づいたものであり，この点を「主体的に学習に取り組む態度」として改めて強調するものである。

　本観点に基づく評価は，「主体的に学習に取り組む態度」に係る各教科等の評価の観点の趣旨に照らして，

① 　知識及び技能を獲得したり，思考力，判断力，表現力等を身に付けたりすることに向けた粘り強い取組を行おうとしている側面

② 　①の粘り強い取組を行う中で，自らの学習を調整しようとする側面

という二つの側面を評価することが求められる[2]。（図4参照）

　ここでの評価は，児童生徒の学習の調整が「適切に行われているか」を必ずしも判断するものではなく，学習の調整が知識及び技能の習得などに結び付いていない場合には，教師が学習の進め方を適切に指導することが求められる。

　具体的な評価の方法としては，ノートやレポート等における記述，授業中の発言，教師による行動観察や児童生徒による自己評価や相互評価等の状況を，教師が評価を行う際に考慮する材料の一つとして用いることなどが考えられる。

図4

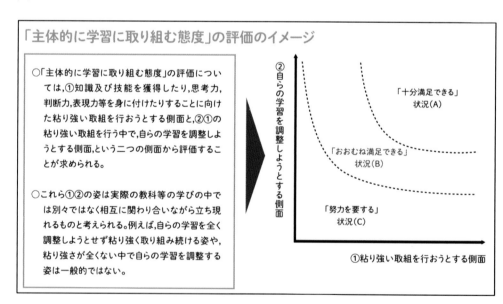

---

[2] これら①②の姿は実際の教科等の学びの中では別々ではなく相互に関わり合いながら立ち現れるものと考えられることから，実際の評価の場面においては，双方の側面を一体的に見取ることも想定される。例えば，自らの学習を全く調整しようとせず粘り強く取り組み続ける姿や，粘り強さが全くない中で自らの学習を調整する姿は一般的ではない。

　なお，学習指導要領の「2　内容」に記載のない「主体的に学習に取り組む態度」の評価については，後述する第2章1（2）を参照のこと[3]。

5　改善等通知における特別の教科　道徳，外国語活動（小学校），総合的な学習の時間，特別活動の指導要録の記録

　改善等通知においては，各教科の学習の記録とともに，以下の（1）〜（4）の各教科等の指導要録における学習の記録について以下のように示されている。

（1）特別の教科　道徳について

　小学校等については，改善等通知別紙1に，「道徳の評価については，28文科初第604号「学習指導要領の一部改正に伴う小学校，中学校及び特別支援学校小学部・中学部における児童生徒の学習評価及び指導要録の改善等について（通知）」に基づき，学習活動における児童の学習状況や道徳性に係る成長の様子を個人内評価として文章で端的に記述する」こととされている（中学校等についても別紙2に同旨）。

（2）外国語活動について（小学校）

　改善等通知には，「外国語活動の記録については，評価の観点を記入した上で，それらの観点に照らして，児童の学習状況に顕著な事項がある場合にその特徴を記入する等，児童にどのような力が身に付いたかを文章で端的に記述すること」とされている。また，「評価の観点については，設置者は，小学校学習指導要領等に示す外国語活動の目標を踏まえ，改善等通知別紙4を参考に設定する」こととされている。

（3）総合的な学習の時間について

　小学校等については，改善等通知別紙1に，「総合的な学習の時間の記録については，この時間に行った学習活動及び各学校が自ら定めた評価の観点を記入した上で，それらの観点のうち，児童の学習状況に顕著な事項がある場合などにその特徴を記入する等，児童にどのような力が身に付いたかを文章で端的に記述すること」とされている。また，「評価の観点については，各学校において具体的に定めた目標，内容に基づいて別紙4を参考に定めること」とされている（中学校等についても別紙2に同旨）。

---

[3] 各教科等によって，評価の対象に特性があることに留意する必要がある。例えば，体育・保健体育科の運動に関する領域においては，公正や協力などを，育成する「態度」として学習指導要領に位置付けており，各教科等の目標や内容に対応した学習評価が行われることとされている。

（4）特別活動について

　小学校等については，改善等通知別紙１に，「特別活動の記録については，各学校が自ら定めた特別活動全体に係る評価の観点を記入した上で，各活動・学校行事ごとに，評価の観点に照らして十分満足できる活動の状況にあると判断される場合に，○印を記入する」とされている。また，「評価の観点については，学習指導要領等に示す特別活動の目標を踏まえ，各学校において改善等通知別紙４を参考に定める。その際，特別活動の特質や学校として重点化した内容を踏まえ，例えば『主体的に生活や人間関係をよりよくしようとする態度』などのように，より具体的に定めることも考えられる。記入に当たっては，特別活動の学習が学校や学級における集団活動や生活を対象に行われるという特質に留意する」とされている（中学校等についても別紙２に同旨）。

　なお，特別活動は学級担任以外の教師が指導する活動が多いことから，評価体制を確立し，共通理解を図って，児童生徒のよさや可能性を多面的・総合的に評価するとともに，確実に資質・能力が育成されるよう指導の改善に生かすことが求められる。

6　障害のある児童生徒の学習評価について

　学習評価に関する基本的な考え方は，障害のある児童生徒の学習評価についても変わるものではない。

　障害のある児童生徒については，特別支援学校等の助言又は援助を活用しつつ，個々の児童生徒の障害の状態や特性及び心身の発達の段階に応じた指導内容や指導方法の工夫を行い，その評価を適切に行うことが必要である。また，指導内容や指導方法の工夫については，学習指導要領の各教科の「指導計画の作成と内容の取扱い」の「指導計画作成上の配慮事項」の「障害のある児童生徒への配慮についての事項」についての学習指導要領解説も参考となる。

7　評価の方針等の児童生徒や保護者への共有について

　学習評価の妥当性や信頼性を高めるとともに，児童生徒自身に学習の見通しをもたせるために，学習評価の方針を事前に児童生徒と共有する場面を必要に応じて設けることが求められており，児童生徒に評価の結果をフィードバックする際にも，どのような方針によって評価したのかを改めて児童生徒に共有することも重要である。

　また，新学習指導要領下での学習評価の在り方や基本方針等について，様々な機会を捉えて保護者と共通理解を図ることが非常に重要である。

第2章　学習評価の基本的な流れ

1　各教科における評価規準の作成及び評価の実施等について

（1）目標と観点の趣旨との対応関係について

　　　評価規準の作成に当たっては，各学校の実態に応じて目標に準拠した評価を行うために，「評価の観点及びその趣旨[4]」が各教科等の目標を踏まえて作成されていること，また同様に，「学年別（又は分野別）の評価の観点の趣旨[5]」が学年（又は分野）の目標を踏まえて作成されていることを確認することが必要である。

　　　なお，「主体的に学習に取り組む態度」の観点は，教科等及び学年（又は分野）の目標の（3）に対応するものであるが，観点別学習状況の評価を通じて見取ることができる部分をその内容として整理し，示していることを確認することが必要である。(図5，6参照)

図5

【学習指導要領「教科の目標」】

学習指導要領　各教科等の「第1　目標」

(1)	(2)	(3)
（知識及び技能に関する目標）	（思考力，判断力，表現力等に関する目標）	（学びに向かう力，人間性等に関する目標）[6]

【改善等通知「評価の観点及びその趣旨」】

改善等通知　別紙4　評価の観点及びその趣旨

観点	知識・技能	思考・判断・表現	主体的に学習に取り組む態度
趣旨	（知識・技能の観点の趣旨）	（思考・判断・表現の観点の趣旨）	（主体的に学習に取り組む態度の観点の趣旨）

---

[4] 各教科等の学習指導要領の目標の規定を踏まえ，観点別学習状況の評価の対象とするものについて整理したものが教科等の観点の趣旨である。

[5] 各学年（又は分野）の学習指導要領の目標を踏まえ，観点別学習状況の評価の対象とするものについて整理したものが学年別（又は分野別）の観点の趣旨である。

[6] 学びに向かう力，人間性等に関する目標には，個人内評価として実施するものも含まれている。（P.8 図3参照）※学年（又は分野）の目標についても同様である。

図6

【学習指導要領「学年（又は分野）の目標」】

学習指導要領　各教科等の「第2　各学年の目標及び内容」の学年ごとの「1　目標」

(1)	(2)	(3)
（知識及び技能に関する目標）	（思考力，判断力，表現力等に関する目標）	（学びに向かう力，人間性等に関する目標）

【改善等通知　別紙4「学年別（又は分野別）の評価の観点の趣旨」】

観点	知識・技能	思考・判断・表現	主体的に学習に取り組む態度
趣旨	（知識・技能の観点の趣旨）	（思考・判断・表現の観点の趣旨）	（主体的に学習に取り組む態度の観点の趣旨）

（2）「内容のまとまりごとの評価規準」とは

　　本参考資料では，評価規準の作成等について示す。具体的には，学習指導要領の規定から「内容のまとまりごとの評価規準」を作成する際の手順を示している。ここでの「内容のまとまり」とは，学習指導要領に示す各教科等の「第2　各学年の目標及び内容　2　内容」の項目等をそのまとまりごとに細分化したり整理したりしたものである[7]。平成29年改訂学習指導要領においては資質・能力の三つの柱に基づく構造化が行われたところであり，基本的には，学習指導要領に示す各教科等の「第2　各学年（分野）の目標及び内容」の「2　内容」において[8]，「内容のまとまり」ごとに育成を目指す資質・

---

[7] 各教科等の学習指導要領の「第3　指導計画の作成と内容の取扱い」1(1)に「単元（題材）などの内容や時間のまとまり」という記載があるが，この「内容や時間のまとまり」と，本参考資料における「内容のまとまり」は同義ではないことに注意が必要である。前者は，主体的・対話的で深い学びを実現するため，主体的に学習に取り組めるよう学習の見通しを立てたり学習したことを振り返ったりして自身の学びや変容を自覚できる場面をどこに設定するか，対話によって自分の考えなどを広げたり深めたりする場面をどこに設定するか，学びの深まりをつくりだすために，児童生徒が考える場面と教師が教える場面をどのように組み立てるか，といった視点による授業改善は，1単位時間の授業ごとに考えるのではなく，単元や題材などの一定程度のまとまりごとに検討されるべきであることが示されたものである。後者（本参考資料における「内容のまとまり」）については，本文に述べるとおりである。

[8] 小学校家庭においては，「第2　各学年の内容」，「1　内容」，小学校外国語・外国語活動，中学校外国語においては，「第2　各言語の目標及び内容等」，「1　目標」である。

能力が示されている。このため,「2 内容」の記載はそのまま学習指導の目標となりうるものである[9]。学習指導要領の目標に照らして観点別学習状況の評価を行うに当たり,児童生徒が資質・能力を身に付けた状況を表すために,「2 内容」の記載事項の文末を「～すること」から「～している」と変換したもの等を,本参考資料において「内容のまとまりごとの評価規準」と呼ぶこととする[10]。

ただし,「主体的に学習に取り組む態度」に関しては,特に,児童生徒の学習への継続的な取組を通して現れる性質を有すること等から[11],「2 内容」に記載がない[12]。そのため,各学年(又は分野)の「1 目標」を参考にしつつ,必要に応じて,改善等通知別紙4に示された学年(又は分野)別の評価の観点の趣旨のうち「主体的に学習に取り組む態度」に関わる部分を用いて「内容のまとまりごとの評価規準」を作成する必要がある。

なお,各学校においては,「内容のまとまりごとの評価規準」の考え方を踏まえて,学習評価を行う際の評価規準を作成する。

(3)「内容のまとまりごとの評価規準」を作成する際の基本的な手順

各教科における,「内容のまとまりごとの評価規準」を作成する際の基本的な手順は以下のとおりである。

学習指導要領に示された教科及び学年(又は分野)の目標を踏まえて,「評価の観点及びその趣旨」が作成されていることを理解した上で,

① 各教科における「内容のまとまり」と「評価の観点」との関係を確認する。

② 【観点ごとのポイント】を踏まえ,「内容のまとまりごとの評価規準」を作成する。

---

[9] 「2 内容」において示されている指導事項等を整理することで「内容のまとまり」を構成している教科もある。この場合は,整理した資質・能力をもとに,構成された「内容のまとまり」に基づいて学習指導の目標を設定することとなる。また,目標や評価規準の設定は,教育課程を編成する主体である各学校が,学習指導要領に基づきつつ児童生徒や学校,地域の実情に応じて行うことが必要である。

[10] 小学校家庭,中学校技術・家庭(家庭分野)については,学習指導要領の目標及び分野の目標の(2)に思考力・判断力・表現力等の育成に係る学習過程が記載されているため,これらを踏まえて「内容のまとまりごとの評価規準」を作成する必要がある。

[11] 各教科等の特性によって単元や題材など内容や時間のまとまりはさまざまであることから,評価を行う際は,それぞれの実現状況が把握できる段階について検討が必要である。

[12] 各教科等によって,評価の対象に特性があることに留意する必要がある。例えば,体育・保健体育科の運動に関する領域においては,公正や協力などを,育成する「態度」として学習指導要領に位置付けており,各教科等の目標や内容に対応した学習評価が行われることとされている。

①，②については，第2編において詳述する。同様に，【観点ごとのポイント】については，第2編に各教科等において示している。

（4）評価の計画を立てることの重要性

学習指導のねらいが児童生徒の学習状況として実現されたかについて，評価規準に照らして観察し，毎時間の授業で適宜指導を行うことは，育成を目指す資質・能力を児童生徒に育むためには不可欠である。その上で，評価規準に照らして，観点別学習状況の評価をするための記録を取ることになる。そのためには，いつ，どのような方法で，児童生徒について観点別学習状況を評価するための記録を取るのかについて，評価の計画を立てることが引き続き大切である。

毎時間児童生徒全員について記録を取り，総括の資料とするために蓄積することは現実的ではないことからも，児童生徒全員の学習状況を記録に残す場面を精選し，かつ適切に評価するための評価の計画が一層重要になる。

（5）観点別学習状況の評価に係る記録の総括

適切な評価の計画の下に得た，児童生徒の観点別学習状況の評価に係る記録の総括の時期としては，単元（題材）末，学期末，学年末等の節目が考えられる。

総括を行う際，観点別学習状況の評価に係る記録が，観点ごとに複数ある場合は，例えば，次のような方法が考えられる。

・　**評価結果のＡ，Ｂ，Ｃの数を基に総括する場合**

何回か行った評価結果のＡ，Ｂ，Ｃの数が多いものが，その観点の学習の実施状況を最もよく表現しているとする考え方に立つ総括の方法である。例えば，3回評価を行った結果が「ＡＢＢ」ならばＢと総括することが考えられる。なお，「ＡＡＢＢ」の総括結果をＡとするかＢとするかなど，同数の場合や三つの記号が混在する場合の総括の仕方をあらかじめ各学校において決めておく必要がある。

・　**評価結果のＡ，Ｂ，Ｃを数値に置き換えて総括する場合**

何回か行った評価結果Ａ，Ｂ，Ｃを，例えばＡ＝3，Ｂ＝2，Ｃ＝1のように数値によって表し，合計したり平均したりする総括の方法である。例えば，総括の結果をＢとする範囲を［2.5≧平均値≧1.5］とすると，「ＡＢＢ」の平均値は，約2.3［（3＋2＋2）÷3］で総括の結果はＢとなる。

なお，評価の各節目のうち特定の時点に重きを置いて評価を行う場合など，この例のような平均値による方法以外についても様々な総括の方法が考えられる。

（6）観点別学習状況の評価の評定への総括

評定は，各教科の観点別学習状況の評価を総括した数値を示すものである。評定は，児童生徒がどの教科の学習に望ましい学習状況が認められ，どの教科の学習に課題が

認められるのかを明らかにすることにより，教育課程全体を見渡した学習状況の把握と指導や学習の改善に生かすことを可能とするものである。

評定への総括は，学期末や学年末などに行われることが多い。学年末に評定へ総括する場合には，学期末に総括した評定の結果を基にする場合と，学年末に観点ごとに総括した結果を基にする場合が考えられる。

観点別学習状況の評価の評定への総括は，各観点の評価結果をＡ，Ｂ，Ｃの組合せ，又は，Ａ，Ｂ，Ｃを数値で表したものに基づいて総括し，その結果を小学校では３段階，中学校では５段階で表す。

Ａ，Ｂ，Ｃの組合せから評定に総括する場合，各観点とも同じ評価がそろう場合は，小学校については，「ＢＢＢ」であれば２を基本としつつ，「ＡＡＡ」であれば３，「ＣＣＣ」であれば１とするのが適当であると考えられる。中学校については，「ＢＢＢ」であれば３を基本としつつ，「ＡＡＡ」であれば５又は４，「ＣＣＣ」であれば２又は１とするのが適当であると考えられる。それ以外の場合は，各観点のＡ，Ｂ，Ｃの数の組合せから適切に評定することができるようあらかじめ各学校において決めておく必要がある。

なお，観点別学習状況の評価結果は，「十分満足できる」状況と判断されるものをＡ，「おおむね満足できる」状況と判断されるものをＢ，「努力を要する」状況と判断されるものをＣのように表されるが，そこで表された学習の実現状況には幅があるため，機械的に評定を算出することは適当ではない場合も予想される。

また，評定は，小学校については，小学校学習指導要領等に示す各教科の目標に照らして，その実現状況を「十分満足できる」状況と判断されるものを３，「おおむね満足できる」状況と判断されるものを２，「努力を要する」状況と判断されるものを１，中学校については，中学校学習指導要領等に示す各教科の目標に照らして，その実現状況を「十分満足できるもののうち，特に程度が高い」状況と判断されるものを５，「十分満足できる」状況と判断されるものを４，「おおむね満足できる」状況と判断されるものを３，「努力を要する」状況と判断されるものを２，「一層努力を要する」状況と判断されるものを１という数値で表される。しかし，この数値を児童生徒の学習状況について三つ（小学校）又は五つ（中学校）に分類したものとして捉えるのではなく，常にこの結果の背景にある児童生徒の具体的な学習の実現状況を思い描き，適切に捉えることが大切である。評定への総括に当たっては，このようなことも十分に検討する必要がある[13]。

なお，各学校では観点別学習状況の評価の観点ごとの総括及び評定への総括の考え

---

[13] 改善等通知では，「評定は各教科の学習の状況を総括的に評価するものであり，『観点別学習状況』において掲げられた観点は，分析的な評価を行うものとして，各教科の評定を行う場合において基本的な要素となるものであることに十分留意する。その際，評定の適切な決定方法等については，各学校において定める。」と示されている。（P.7， 8参照）

方や方法について，教師間で共通理解を図り，児童生徒及び保護者に十分説明し理解を得ることが大切である。

2 総合的な学習の時間における評価規準の作成及び評価の実施等について
（1）総合的な学習の時間の「評価の観点」について

　平成29年改訂学習指導要領では，各教科等の目標や内容を「知識及び技能」，「思考力，判断力，表現力等」，「学びに向かう力，人間性等」の資質・能力の三つの柱で再整理しているが，このことは総合的な学習の時間においても同様である。

　総合的な学習の時間においては，学習指導要領が定める目標を踏まえて各学校が目標や内容を設定するという総合的な学習の時間の特質から，各学校が観点を設定するという枠組みが維持されている。一方で，各学校が目標や内容を定める際には，学習指導要領において示された以下について考慮する必要がある。

> 【各学校において定める目標】
> ・　各学校において定める目標については，各学校における教育目標を踏まえ，総合的な学習の時間を通して育成を目指す資質・能力を示すこと。　　（第2の3(1)）

　総合的な学習の時間を通して育成を目指す資質・能力を示すとは，各学校における教育目標を踏まえて，各学校において定める目標の中に，この時間を通して育成を目指す資質・能力を，三つの柱に即して具体的に示すということである。

> 【各学校において定める内容】
> ・　探究課題の解決を通して育成を目指す具体的な資質・能力については，次の事項に配慮すること。
> 　ア　知識及び技能については，他教科等及び総合的な学習の時間で習得する知識及び技能が相互に関連付けられ，社会の中で生きて働くものとして形成されるようにすること。
> 　イ　思考力，判断力，表現力等については，課題の設定，情報の収集，整理・分析，まとめ・表現などの探究的な学習の過程において発揮され，未知の状況において活用できるものとして身に付けられるようにすること。
> 　ウ　学びに向かう力，人間性等については，自分自身に関すること及び他者や社会との関わりに関することの両方の視点を踏まえること。　　（第2の3(6)）

　各学校において定める内容について，今回の改訂では新たに，「目標を実現するにふさわしい探究課題」，「探究課題の解決を通して育成を目指す具体的な資質・能力」の二つを定めることが示された。「探究課題の解決を通して育成を目指す具体的な資質・能力」とは，各学校において定める目標に記された資質・能力を，各探究課題に即して具体的に示したものであり，教師の適切な指導の下，児童生徒が各探究課題の解決に取り組む中で，育成することを目指す資質・能力のことである。この具体的な資質・能力も，「知識及び技能」，「思考力，判断力，表現力等」，「学びに向かう力，人間性等」という

資質・能力の三つの柱に即して設定していくことになる。

このように，各学校において定める目標と内容には，三つの柱に沿った資質・能力が明示されることになる。

したがって，資質・能力の三つの柱で再整理した新学習指導要領の下での指導と評価の一体化を推進するためにも，評価の観点についてこれらの資質・能力に関わる「知識・技能」，「思考・判断・表現」，「主体的に学習に取り組む態度」の３観点に整理し示したところである。

（２）総合的な学習の時間の「内容のまとまり」の考え方

学習指導要領の第２の２では，「各学校においては，第１の目標を踏まえ，各学校の総合的な学習の時間の内容を定める。」とされており，各教科のようにどの学年で何を指導するのかという内容を明示していない。これは，各学校が，学習指導要領が定める目標の趣旨を踏まえて，地域や学校，児童生徒の実態に応じて，創意工夫を生かした内容を定めることが期待されているからである。

この内容の設定に際しては，前述したように「目標を実現するにふさわしい探究課題」，「探究課題の解決を通して育成を目指す具体的な資質・能力」の二つを定めることが示され，探究課題としてどのような対象と関わり，その探究課題の解決を通して，どのような資質・能力を育成するのかが内容として記述されることになる。（図７参照）

図７

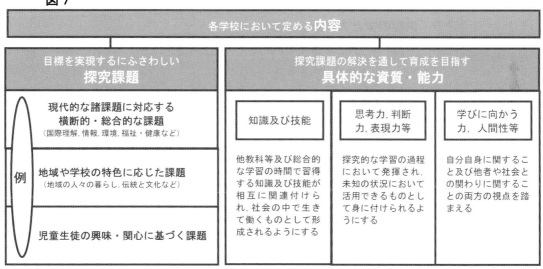

本参考資料第１編第２章の１（２）では，「内容のまとまり」について，「学習指導要領に示す各教科等の『第２　各学年の目標及び内容　２　内容』の項目等をそのまとまりごとに細分化したり整理したりしたもので，『内容のまとまり』ごとに育成を目指す資質・能力が示されている」と説明されている。

したがって，総合的な学習の時間における「内容のまとまり」とは，全体計画に示した「目標を実現するにふさわしい探究課題」のうち，一つ一つの探究課題とその探究課題に応じて定めた具体的な資質・能力と考えることができる。

（3）「内容のまとまりごとの評価規準」を作成する際の基本的な手順

　　総合的な学習の時間における，「内容のまとまりごとの評価規準」を作成する際の基本的な手順は以下のとおりである。

> ①　各学校において定めた目標（第2の1）と「評価の観点及びその趣旨」を確認する。

> ②　各学校において定めた内容の記述（「内容のまとまり」として探究課題ごとに作成した「探究課題の解決を通して育成を目指す具体的な資質・能力」）が，観点ごとにどのように整理されているかを確認する。

> ③【観点ごとのポイント】を踏まえ，「内容のまとまりごとの評価規準」を作成する。

3　特別活動の「評価の観点」とその趣旨，並びに評価規準の作成及び評価の実施等について

（1）特別活動の「評価の観点」とその趣旨について

　　特別活動においては，改善等通知において示されたように，特別活動の特質と学校の創意工夫を生かすということから，設置者ではなく，「各学校で評価の観点を定める」ものとしている。本参考資料では「評価の観点」とその趣旨の設定について示している。

（2）特別活動の「内容のまとまり」

　　小学校においては，学習指導要領の内容の〔学級活動〕「（1）学級や学校における生活づくりへの参画」，「（2）日常の生活や学習への適応と自己の成長及び健康安全」，「（3）一人一人のキャリア形成と自己実現」，〔児童会活動〕，〔クラブ活動〕，〔学校行事〕（1）儀式的行事，（2）文化的行事，（3）健康安全・体育的行事，（4）遠足・集団宿泊的行事，（5）勤労生産・奉仕的行事を「内容のまとまり」とした。

　　中学校においては，学習指導要領の内容の〔学級活動〕「（1）学級や学校における生活づくりへの参画」，「（2）日常の生活や学習への適応と自己の成長及び健康安全」，「（3）一人一人のキャリア形成と自己実現」，〔生徒会活動〕，〔学校行事〕（1）儀式的行事，（2）文化的行事，（3）健康安全・体育的行事，（4）旅行・集団宿泊的行事，（5）勤労生産・奉仕的行事を「内容のまとまり」とした。

（3）特別活動の「評価の観点」とその趣旨，並びに「内容のまとまりごとの評価規準」を作成する際の基本的な手順

　　各学校においては，学習指導要領に示された特別活動の目標及び内容を踏まえ，自校の実態に即し，改善等通知の例示を参考に観点を作成する。その際，例えば，特別活動の特質や学校として重点化した内容を踏まえて，具体的な観点を設定することが考えられる。

　また，学習指導要領解説では，各活動・学校行事の内容ごとに育成を目指す資質・能力が例示されている。そこで，学習指導要領で示された「各活動・学校行事の目標」及び学習指導要領解説で例示された「資質・能力」を確認し，各学校の実態に合わせて育成を目指す資質・能力を重点化して設定する。

　次に，各学校で設定した，各活動・学校行事で育成を目指す資質・能力を踏まえて，「内容のまとまりごとの評価規準」を作成する。その際，小学校の学級活動においては，学習指導要領で示した「各学年段階における配慮事項」や，学習指導要領解説に示した「発達の段階に即した指導のめやす」を踏まえて，低・中・高学年ごとに評価規準を作成することが考えられる。基本的な手順は以下のとおりである。

> ①　学習指導要領の「特別活動の目標」と改善等通知を確認する。
>
> ②　学習指導要領の「特別活動の目標」と自校の実態を踏まえ，改善等通知の例示を参考に，特別活動の「評価の観点」とその趣旨を設定する。
>
> ③　学習指導要領の「各活動・学校行事の目標」及び学習指導要領解説特別活動編（平成 29 年 7 月）で例示した「各活動・学校行事における育成を目指す資質・能力」を参考に，各学校において育成を目指す資質・能力を重点化して設定する。
>
> ④　【観点ごとのポイント】を踏まえ，「内容のまとまりごとの評価規準」を作成する。

（参考）平成 23 年「評価規準の作成，評価方法等の工夫改善のための参考資料」からの変更点について

　今回作成した本参考資料は，平成 23 年の「評価規準の作成，評価方法等の工夫改善のための参考資料」を踏襲するものであるが，以下のような変更点があることに留意が必要である[14]。

　まず，平成 23 年の参考資料において使用していた「評価規準に盛り込むべき事項」や「評価規準の設定例」については，報告において「現行の参考資料のように評価規準を詳細に示すのではなく，各教科等の特質に応じて，学習指導要領の規定から評価規準を作成する際の手順を示すことを基本とする」との指摘を受け，第 2 編において示すことを改め，本参考資料の第 3 編における事例の中で，各教科等の事例に沿った評価規準を例示したり，その作成手順等を紹介したりする形に改めている。

　次に，本参考資料の第 2 編に示す「内容のまとまりごとの評価規準」は，平成 23 年の「評価規準の作成，評価方法等の工夫改善のための参考資料」において示した「評価規準に盛り込むべき事項」と作成の手順を異にする。具体的には，「評価規準に盛り込むべき事項」は，平成 20 年改訂学習指導要領における各教科等の目標，各学年（又は分野）の目標及び内容の記述を基に，学習評価及び指導要録の改善通知で示している各教科等の評価の観点及びその趣旨，学年（又は分野）別の評価の観点の趣旨を踏まえて作成したものである。

　また，平成 23 年の参考資料では「評価規準に盛り込むべき事項」をより具体化したものを「評価規準の設定例」として示している。「評価規準の設定例」は，原則として，学習指導要領の各教科等の目標，学年（又は分野）別の目標及び内容のほかに，当該部分の学習指導要領解説（文部科学省刊行）の記述を基に作成していた。他方，本参考資料における「内容のまとまりごとの評価規準」については，平成 29 年改訂の学習指導要領の目標及び内容が育成を目指す資質・能力に関わる記述で整理されたことから，既に確認のとおり，そこでの「内容のまとまり」ごとの記述を，文末を変換するなどにより評価規準とすることを可能としており，学習指導要領の記載と表裏一体をなす関係にあると言える。

　さらに，「主体的に学習に取り組む態度」の「各教科等・各学年等の評価の観点の趣旨」についてである。前述のとおり，従前の「関心・意欲・態度」の観点から「主体的に学習に取り組む態度」の観点に改められており，「主体的に学習に取り組む態度」の観点に関しては各学年（又は分野）の「1　目標」を参考にしつつ，必要に応じて，改善等通知別紙 4 に示された学年（又は分野）別の評価の観点の趣旨のうち「主体的に学習に取り組む態度」に関わる部分を用いて「内容のまとまりごとの評価規準」を作成する必要がある。

---

[14] 特別活動については，これまでも三つの観点に基づいて児童生徒の資質・能力の育成を目指し，指導に生かしてきたところであり，上記の変更点に該当するものではないことに留意が必要である。

報告にあるとおり，「主体的に学習に取り組む態度」は，現行の「関心・意欲・態度」の観点の本来の趣旨であった，各教科等の学習内容に関心をもつことのみならず，よりよく学ぼうとする意欲をもって学習に取り組む態度を評価することを改めて強調するものである。また，本観点に基づく評価としては，「主体的に学習に取り組む態度」に係る各教科等の評価の観点の趣旨に照らし，

① 知識及び技能を獲得したり，思考力，判断力，表現力等を身に付けたりすることに向けた粘り強い取組を行おうとする側面と，

② ①の粘り強い取組を行う中で，自らの学習を調整しようとする側面，

という二つの側面を評価することが求められるとされた[15]。

以上の点から，今回の改善等通知で示した「主体的に学習に取り組む態度」の「各教科等・各学年等の評価の観点の趣旨」は，平成22年通知で示した「関心・意欲・態度」の「各教科等・各学年等の評価の観点の趣旨」から改められている。

---

[15] 各教科等によって，評価の対象に特性があることに留意する必要がある。例えば，体育・保健体育科の運動に関する領域においては，公正や協力などを，育成する「態度」として学習指導要領に位置付けており，各教科等の目標や内容に対応した学習評価が行われることとされている。

第2編

「内容のまとまりごとの評価規準」
を作成する際の手順

小学校外国語科においては，教科「外国語」としての目標を資質・能力の三つの柱で示しているが，言語「英語」の目標は，英語教育の特質を踏まえ，後述のように「聞くこと」「読むこと」「話すこと［やり取り］」「話すこと［発表］」「書くこと」の五つの領域別で示し，その領域別の目標の実現を目指した指導を通して，教科目標の実現を目指すこととしている。本編では，こうした特質を踏まえ，外国語科における評価規準を作成する際の手順及び留意事項等を示す。

1　小学校外国語科の「内容のまとまり」

　小学校外国語科における「内容のまとまり」は，小学校学習指導要領　第2章第10節　外国語　第2　各言語の目標及び内容等　英語　1　目標に示されている「五つの領域」のことである。

○　聞くこと
　ア　ゆっくりはっきりと話されれば，自分のことや身近で簡単な事柄について簡単な語句や基本的な表現を聞き取ることができるようにする。
　イ　ゆっくりはっきりと話されれば，日常生活に関する身近で簡単な事柄について，具体的な情報を聞き取ることができるようにする。
　ウ　ゆっくりはっきりと話されれば，日常生活に関する身近で簡単な事柄について，短い話の概要を捉えることができるようにする。

○　読むこと
　ア　活字体で書かれた文字を識別し，その読み方を発音することができるようにする。
　イ　音声で十分に慣れ親しんだ簡単な語句や基本的な表現の意味が分かるようにする。

○　話すこと［やり取り］
　ア　基本的な表現を用いて指示，依頼をしたり，それらに応じたりすることができるようにする。
　イ　日常生活に関する身近で簡単な事柄について，自分の考えや気持ちなどを，簡単な語句や基本的な表現を用いて伝え合うことができるようにする。
　ウ　自分や相手のこと及び身の回りの物に関する事柄について，簡単な語句や基本的な表現を用いてその場で質問をしたり質問に答えたりして，伝え合うことができるようにする。

○　話すこと［発表］
　ア　日常生活に関する身近で簡単な事柄について，簡単な語句や基本的な表現を用いて話すことができるようにする。
　イ　自分のことについて，伝えようとする内容を整理した上で，簡単な語句や基本的な表現を用いて話すことができるようにする。
　ウ　身近で簡単な事柄について，伝えようとする内容を整理した上で，自分の考えや気持ちなどを，簡単な語句や基本的な表現を用いて話すことができるようにする。

○　書くこと
　ア　大文字，小文字を活字体で書くことができるようにする。また，語順を意識しながら音声で十分に慣れ親しんだ簡単な語句や基本的な表現を書き写すことができるようにする。
　イ　自分のことや身近で簡単な事柄について，例文を参考に，音声で十分に慣れ親しんだ簡単な語句や基本的な表現を用いて書くことができるようにする。

2　小学校外国語科における「内容のまとまりごとの評価規準」作成の基本的な手順

　「内容のまとまりごとの評価規準」は，第1編に示した基本的な手順を踏まえ，各教科等の特質に応じた形で作成する。外国語科の特質に応じた「内容のまとまりごとの評価規準」作成の具体的な手順については，次項以降に記載している。

【確認事項】

① 外国語科における「内容のまとまり」の記述が，観点ごとにどのように整理されているかを確認する。

② 「内容のまとまり（五つの領域）ごとの評価規準」を作成する。

3　小学校外国語科における「内容のまとまりごとの評価規準」作成の手順

> ①　外国語科における「内容のまとまり」の記述が，観点ごとにどのように整理されているかを確認する。

　外国語科における「内容のまとまり」は，五つの領域（「聞くこと」「読むこと」「話すこと［やり取り］」「話すこと［発表］」「書くこと」）である。

　五つの領域別の目標の記述は，資質・能力の三つの柱を総合的に育成する観点から，各々を三つの柱に分けずに，一文ずつの能力記述文で示している。

○　聞くこと

　ア　ゆっくりはっきりと話されれば，自分のことや身近で簡単な事柄について簡単な語句や基本的な表現を聞き取ることができるようにする。

　イ　ゆっくりはっきりと話されれば，日常生活に関する身近で簡単な事柄について，具体的な情報を聞き取ることができるようにする。

　ウ　ゆっくりはっきりと話されれば，日常生活に関する身近で簡単な事柄について，短い話の概要を捉えることができるようにする。

○　読むこと

　ア　活字体で書かれた文字を識別し，その読み方を発音することができるようにする。

　イ　音声で十分に慣れ親しんだ簡単な語句や基本的な表現の意味が分かるようにする。

○　話すこと［やり取り］

　ア　基本的な表現を用いて指示，依頼をしたり，それらに応じたりすることができるようにする。

　イ　日常生活に関する身近で簡単な事柄について，自分の考えや気持ちなどを，簡単な語句や基本的な表現を用いて伝え合うことができるようにする。

　ウ　自分や相手のこと及び身の回りの物に関する事柄について，簡単な語句や基本的な表現を用いてその場で質問をしたり質問に答えたりして，伝え合うことができるようにする。

○　話すこと［発表］

　ア　日常生活に関する身近で簡単な事柄について，簡単な語句や基本的な表現を用いて話すことができるようにする。

　イ　自分のことについて，伝えようとする内容を整理した上で，簡単な語句や基本的な表現を用いて話すことができるようにする。

　ウ　身近で簡単な事柄について，伝えようとする内容を整理した上で，自分の考えや気持ちなどを，簡単な語句や基本的な表現を用いて話すことができるようにする。

○　書くこと

　ア　大文字，小文字を活字体で書くことができるようにする。また，語順を意識しながら音声で十分に慣れ親しんだ簡単な語句や基本的な表現を書き写すことができるようにする。

　イ　自分のことや身近で簡単な事柄について，例文を参考に，音声で十分に慣れ親しんだ簡単な語句や基本的な表現を用いて書くことができるようにする。

② 「内容のまとまり（五つの領域）ごとの評価規準」を作成する。

（1）「内容のまとまり（五つの領域）ごとの評価規準」を作成する際の【観点ごとのポイント】

○「知識・技能」のポイント

・「知識」については，小学校学習指導要領「2 内容〔第5学年及び第6学年〕」の〔知識及び技能〕における「(1) 英語の特徴やきまりに関する事項」に記されていることを指しており，それらの事項を理解している状況を評価する。

・「技能」について，

－ 「聞くこと」は，実際のコミュニケーションにおいて，自分のことや身近で簡単な事柄についての簡単な語句や基本的な表現，日常生活に関する身近で簡単な事柄についての具体的な情報を聞き取ったり，日常生活に関する身近で簡単な事柄についての短い話の概要を捉えたりする技能を身に付けている状況を評価する。

－ 「読むこと」は，実際のコミュニケーションにおいて，活字体で書かれた文字を識別し，その読み方(名称)を発音する技能を身に付けている状況や，音声で十分に慣れ親しんだ簡単な語句や基本的な表現を読んで意味が分かっている状況を評価する。

－ 「話すこと[やり取り]」は，実際のコミュニケーションにおいて，指示，依頼をしたり，それらに応じたりする技能を身に付けている状況，日常生活に関する身近で簡単な事柄についての自分の考えや気持ちなどを伝え合う技能や，自分や相手のこと及び身の回りの物に関する事柄について，その場で質問をしたり質問に答えたりして，伝え合う技能を身に付けている状況を評価する。

－ 「話すこと[発表]」は，実際のコミュニケーションにおいて，日常生活に関する身近で簡単な事柄や自分のことについて話す技能を身に付けている状況や，身近で簡単な事柄についての自分の考えや気持ちなどを話す技能を身に付けている状況を評価する。

－ なお，指導する単元で扱う言語材料が提示された状況で，それらを用いて自分の考えや気持ちなどを伝え合ったり話したりする技能を身に付けている状況か否かを評価するのではなく，使用する言語材料の提示がない状況において，それらを用いて自分の考えや気持ちなどを伝え合ったり話したりする技能を身に付けている状況か否かについて評価する。

－ また，小学校学習指導要領「2 内容〔第5学年及び第6学年〕」の〔知識及び技能〕における「(1) 英語の特徴やきまりに関する事項」に記されている「音声」の特徴を捉えて話すことについては，それ自体を観点別評価の規準とはしないが，ネイティブ・スピーカーや英語が堪能な地域人材を活用したり，デジタル教材等を活用したりして適切に指導を行う。

－ 「書くこと」は，実際のコミュニケーションにおいて，大文字，小文字を活字体で書く技能を身に付けている状況や，音声で十分に慣れ親しんだ簡単な語句や基本的な表現を書き写したり，自分のことや身近で簡単な事柄について，音声で十分に慣れ親しんだ簡単な語句や基本的な表現を用いて書いたりする技能を身に付けている状況を評価する。

○「思考・判断・表現」のポイント

・「聞くこと」は，コミュニケーションを行う目的や場面，状況などに応じて，自分のことや身近で簡単な事柄についての簡単な語句や基本的な表現，日常生活に関する身近で簡単な事柄についての具体的な情報を聞き取ったり，日常生活に関する身近で簡単な事柄についての短い話の概要を捉えたり

している状況を評価する。

- ・「読むこと」は，コミュニケーションを行う目的や場面，状況などに応じて，活字体で書かれた文字を識別し，その読み方(名称)を発音している状況や，音声で十分に慣れ親しんだ簡単な語句や基本的な表現を読んで意味が分かっている状況を評価する。
- ・「話すこと[やり取り]」は，コミュニケーションを行う目的や場面，状況などに応じて，指示，依頼をしたり，それらに応じている状況や，日常生活に関する身近で簡単な事柄についての自分の考えや気持ちなどを伝え合っている状況，自分や相手のこと及び身の回りの物に関する事柄について，その場で質問をしたり質問に答えたりして，伝え合っている状況を評価する。
- ・「話すこと[発表]」は，コミュニケーションを行う目的や場面，状況などに応じて，日常生活に関する身近で簡単な事柄や自分のことについて話している状況や，身近で簡単な事柄についての自分の考えや気持ちなどを話している状況を評価する。
- ・「書くこと」は，コミュニケーションを行う目的や場面，状況などに応じて，大文字，小文字を活字体で書いている状況や，音声で十分に慣れ親しんだ簡単な語句や基本的な表現を書き写している状況，自分のことや身近で簡単な事柄について，音声で十分に慣れ親しんだ簡単な語句や基本的な表現を用いて書いている状況を評価する。

○ 「主体的に学習に取り組む態度」のポイント

- ・「主体的に学習に取り組む態度」は，外国語の背景にある文化に対する理解を深め，他者に配慮しながら，主体的に外国語を用いてコミュニケーションを図ろうとしている状況を評価する。
  - − 「聞くこと」は，コミュニケーションを行う目的や場面，状況などに応じて，自分のことや身近で簡単な事柄についての簡単な語句や基本的な表現，日常生活に関する身近で簡単な事柄についての具体的な情報を聞き取ったり，日常生活に関する身近で簡単な事柄についての短い話の概要を捉えたりしようとしている状況を評価する。
  - − 「読むこと」は，コミュニケーションを行う目的や場面，状況などに応じて，活字体で書かれた文字を識別し，その読み方(名称)を発音しようとしている状況や，音声で十分に慣れ親しんだ簡単な語句や基本的な表現を読んで意味を分かろうとしている状況を評価する。
  - − 「話すこと[やり取り]」は，コミュニケーションを行う目的や場面，状況などに応じて，指示，依頼をしたり，それらに応じたりしようとしている状況や，日常生活に関する身近で簡単な事柄についての自分の考えや気持ちなどを伝え合おうとしている状況，自分や相手のこと及び身の回りの物に関する事柄について，その場で質問をしたり質問に答えたりして，伝え合おうとしている状況を評価する。
  - − 「話すこと[発表]」は，コミュニケーションを行う目的や場面，状況などに応じて，日常生活に関する身近で簡単な事柄や自分のことについて話そうとしている状況や，身近で簡単な事柄についての自分の考えや気持ちなどを話そうとしている状況を評価する。
  - − 「書くこと」は，コミュニケーションを行う目的や場面，状況などに応じて，大文字，小文字を活字体で書こうとしている状況や，音声で十分に慣れ親しんだ簡単な語句や基本的な表現を書き写そうとしている状況，自分のことや身近で簡単な事柄について，音声で十分に慣れ親しんだ簡単な語句や基本的な表現を用いて書こうとしている状況を評価する。
- ・上記の側面と併せて，言語活動への取組に関して見通しを立てたり振り返ったりして自らの学習を自

覚的に捉えている状況についても，特定の領域・単元だけではなく，年間を通して評価する。

（2）学習指導要領の「領域別の目標」及び「内容のまとまりごとの評価規準（例）」

	知識及び技能	思考力，判断力，表現力等	学びに向かう力，人間性等
聞くこと	ア　ゆっくりはっきりと話されれば，自分のことや身近で簡単な事柄について簡単な語句や基本的な表現を聞き取ることができるようにする。 イ　ゆっくりはっきりと話されれば，日常生活に関する身近で簡単な事柄について，具体的な情報を聞き取ることができるようにする。 ウ　ゆっくりはっきりと話されれば，日常生活に関する身近で簡単な事柄について，短い話の概要を捉えることができるようにする。		
読むこと	ア　活字体で書かれた文字を識別し，その読み方を発音することができるようにする。 イ　音声で十分に慣れ親しんだ簡単な語句や基本的な表現の意味が分かるようにする。		
話すこと［やり取り］	ア　基本的な表現を用いて指示，依頼をしたり，それらに応じたりすることができるようにする。 イ　日常生活に関する身近で簡単な事柄について，自分の考えや気持ちなどを，簡単な語句や基本的な表現を用いて伝え合うことができるようにする。 ウ　自分や相手のこと及び身の回りの物に関する事柄について，簡単な語句や基本的な表現を用いてその場で質問をしたり質問に答えたりして，伝え合うことができるようにする。		
話すこと［発表］	ア　日常生活に関する身近で簡単な事柄について，簡単な語句や基本的な表現を用いて話すことができるようにする。 イ　自分のことについて，伝えようとする内容を整理した上で，簡単な語句や基本的な表現を用いて話すことができるようにする。 ウ　身近で簡単な事柄について，伝えようとする内容を整理した上で，自分の考えや気持ちなどを，簡単な語句や基本的な表現を用いて話すことができるようにする。		
書くこと	ア　大文字，小文字を活字体で書くことができるようにする。また，語順を意識しながら音声で十分に慣れ親しんだ簡単な語句や基本的な表現を書き写すことができるようにする。 イ　自分のことや身近で簡単な事柄について，例文を参考に，音声で十分に慣れ親しんだ簡単な語句や基本的な表現を用いて書くことができるようにする。		

第2編

- 32 -

	知識・技能	思考・判断・表現	主体的に学習に取り組む態度
聞くこと	[知識] 英語の特徴やきまりに関する事項を理解している。 [技能] 実際のコミュニケーションにおいて，自分のことや身近で簡単な事柄についての簡単な語句や基本的な表現，日常生活に関する身近で簡単な事柄についての具体的な情報を聞き取ったり，日常生活に関する身近で簡単な事柄についての短い話の概要を捉えたりする技能を身に付けている。	コミュニケーションを行う目的や場面，状況などに応じて，自分のことや身近で簡単な事柄についての簡単な語句や基本的な表現，日常生活に関する身近で簡単な事柄についての具体的な情報を聞き取ったり，日常生活に関する身近で簡単な事柄についての短い話の概要を捉えたりしている。	外国語の背景にある文化に対する理解を深め，他者に配慮しながら，主体的に英語で話されることを聞こうとしている。
読むこと	[知識] 英語の特徴やきまりに関する事項を理解している。 [技能] 実際のコミュニケーションにおいて，活字体で書かれた文字を識別し，その読み方(名称)を発音する技能を身に付けている。音声で十分に慣れ親しんだ簡単な語句や基本的な表現を読んで意味が分かるために必要な技能を身に付けている。	コミュニケーションを行う目的や場面，状況などに応じて，活字体で書かれた文字を識別し，その読み方(名称)を発音している。音声で十分に慣れ親しんだ簡単な語句や基本的な表現を読んで意味が分かっている。	外国語の背景にある文化に対する理解を深め，他者に配慮しながら，主体的に英語で書かれたことを読んで意味を分かろうとしている。
話すこと[やり取り]	[知識] 英語の特徴やきまりに関する事項を理解している。 [技能] 実際のコミュニケーションにおいて，指示，依頼をしたり，それらに応じたりする技能を身に付けている。日常生活に関する身近で簡単な事柄についての自分の考えや気持ちなどを伝え合ったり，自分や相手のこと及び身の回りの物に関する事柄について，その場で質問をしたり質問に答えたりして，伝え合ったりする技能を身に付けている。	コミュニケーションを行う目的や場面，状況などに応じて，指示，依頼をしたり，それらに応じたりしている。日常生活に関する身近で簡単な事柄についての自分の考えや気持ちなどを伝え合ったり，自分や相手のこと及び身の回りの物に関する事柄などについて，その場で質問をしたり質問に答えたりして，伝え合ったりしている。	外国語の背景にある文化に対する理解を深め，他者に配慮しながら，主体的に英語を用いて伝え合おうとしている。

	[知識] 英語の特徴やきまりに関する事項を理解している。 [技能] 実際のコミュニケーションにおいて，日常生活に関する身近で簡単な事柄や自分のことについて話す技能を身に付けている。身近で簡単な事柄についての自分の考えや気持ちなどを話す技能を身に付けている。	コミュニケーションを行う目的や場面，状況などに応じて，日常生活に関する身近で簡単な事柄や自分のことについて話している。身近で簡単な事柄についての自分の考えや気持ちなどを話している。	外国語の背景にある文化に対する理解を深め，他者に配慮しながら，主体的に英語を用いて話そうとしている。
話すこと[発表]			
書くこと	[知識] 英語の特徴やきまりに関する事項を理解している。 [技能] 実際のコミュニケーションにおいて，大文字，小文字を活字体で書いたり，音声で十分に慣れ親しんだ簡単な語句や基本的な表現を書き写したりする技能を身に付けている。自分のことや身近で簡単な事柄について，音声で十分に慣れ親しんだ簡単な語句や基本的な表現を用いて書く技能を身に付けている。	コミュニケーションを行う目的や場面，状況などに応じて，大文字，小文字を活字体で書いたり，音声で十分に慣れ親しんだ簡単な語句や基本的な表現を書き写したりしている。自分のことや身近で簡単な事柄について，音声で十分に慣れ親しんだ簡単な語句や基本的な表現を用いて書いている。	外国語の背景にある文化に対する理解を深め，他者に配慮しながら，主体的に英語を用いて書き写したり書いたりしようとしている。

第３編

単元ごとの学習評価について
（事例）

第1章 「内容のまとまり（五つの領域）ごとの評価規準」の考え方を踏まえた評価規準の作成

1 本編事例における学習評価の進め方について

　単元における観点別学習状況の評価を実施するに当たり，まずは年間の指導と評価の計画を確認することが重要である。その上で，学習指導要領の目標や内容，「内容のまとまり（五つの領域）ごとの評価規準」の考え方等を踏まえ，以下のように進めることが考えられる。なお，複数の単元にわたって評価を行う場合など，以下の方法によらない事例もあることに留意する必要がある。

評価の進め方	留意点
1　単元の目標を作成する	○　学習指導要領の目標や内容，学習指導要領解説等を踏まえて作成する。 ○　児童の実態，前単元までの学習状況等を踏まえて作成する。
2　単元の評価規準を作成する	
3　「指導と評価の計画」を作成する	○　1，2を踏まえ，評価場面や評価方法等を計画する。 ○　どのような評価資料（児童の反応やパフォーマンスなど）を基に，「おおむね満足できる」状況（B）と評価するかを考えたり，「努力を要する」状況（C）への手立て等を考えたりする。
授業を行う	○　3に沿って観点別学習状況の評価を行い，児童の学習改善や教師の指導改善につなげる。
4　観点ごとに総括する	○　集めた評価資料やそれに基づく評価結果などから，観点ごとの総括的評価（A，B，C）を行う。

2　単元の評価規準の作成のポイント

外国語科における「内容のまとまり（五つの領域）ごとの評価規準」から，「単元ごとの評価規準」を作成する際の考え方

外国語科では，前述の通り，学習指導要領においては言語「英語」の目標を五つの領域別で示しており，学年ごとの目標を示していない。「指導計画の作成及び内容の取扱い」において，各学校において学年ごとの目標を設定することとしている。

このため，「外国語科の目標」「五つの領域別の目標」「内容のまとまり（五つの領域）ごとの評価規準」等に基づき，各学校が児童の実態等を踏まえ，学校の「学年ごとの目標」及び「五つの領域別の『学年ごとの目標』」を設定した上で，「単元ごとの評価規準」を作成する場合の基本的な考え方を示す。

外国語科における「学年ごとの目標」及び「学年ごとの評価規準」の設定

・各学校においては，「外国語科の目標」及び「五つの領域別の目標」に基づき，各学校における児童の発達の段階と実情を踏まえ，「学年ごとの目標」「五つの領域別の『学年ごとの目標』」を適切に定める。

・五つの領域別の「学年ごとの目標」は，「五つの領域別の目標」を踏まえると，各々を資質・能力の三つの柱に分けずに，一文ずつの能力記述文で示すことが基本的な形となる。なお，五つの領域別の「学年ごとの目標」の設定は，これまでも中学校・高等学校においては「ＣＡＮ－ＤＯリスト形式」による学習到達目標の作成及び活用として，すでに行われてきたところである。

・一方で，五つの領域別の「学年ごとの目標」に対応する「学年ごとの評価規準」は，「内容のまとまり（五つの領域）ごとの評価規準」を踏まえて，3観点で記述する必要がある。五つの領域別の「学年ごとの目標」から「学年ごとの評価規準」を作成する手順は，「内容のまとまり（五つの領域）ごとの評価規準」の場合と基本的に同じである。

「単元ごとの目標」及び「単元ごとの評価規準」の設定

・「単元ごとの目標」は，五つの領域別の「学年ごとの目標」を踏まえて設定する。

・「単元ごとの評価規準」は，「内容のまとまり（五つの領域）ごとの評価規準」「学年ごとの評価規準」と同様に，「単元ごとの目標」を踏まえて設定する。

・「単元ごとの目標」及び「単元ごとの評価規準」は，各単元で取り扱う事柄や，言語の特徴やきまりに関する事項（言語材料），当該単元の中心となる言語活動において設定するコミュニケーションを行う目的や場面，状況など，また，取り扱う話題などに即して設定することになる。

・具体的には，第2編で示している「内容のまとまり（五つの領域）ごとの評価規準（例）」を基に，以下のような手順で作成することが可能である。

・これらはあくまで例示であり，より重点化したり，より端的に記載したりすることも考えられる。目標に照らして観点別の評価を行う上で必要な要素が盛り込まれていれば，語順や記載の仕方等は必ずしもこの例示の通りである必要はない。

第3編

「読むこと」の場合

○「知識・技能」の評価規準について

　＜知識＞

　　・「【言語材料】について理解している。」が基本的な形となる。

　　・【言語材料】には，当該単元で扱うアルファベットの活字体の文字や当該単元で扱う言語材料
　　　が入る。

　＜技能＞

　　・「【アルファベットの活字体の文字】を識別し，その読み方(名称)を発音する技能を身に付けて
　　　いる。」あるいは，「音声で十分に慣れ親しんだ【言語材料】を読んで意味が分かるために必要
　　　な技能を身に付けている。」が基本的な形となる。

　　・【アルファベットの活字体の文字】には，当該単元で扱うアルファベットの活字体の文字が入
　　　る。

○「思考・判断・表現」の評価規準について

　　・「【目的等】に応じて，」「【アルファベットの活字体の文字】を識別し，その読み方（名称）を
　　　発音している。」あるいは，「【事柄・話題】について書かれた音声で十分に慣れ親しんだ簡単
　　　な語句や基本的な表現を読んで意味が分かっている。」が基本的な形となる。

　　・【目的等】には，当該単元の中心となる言語活動において設定するコミュニケーションを行う
　　　目的や場面，状況などを，「○○に応じて」「○○するよう」「○○するために」などの形で当
　　　てはめる。その際，学習指導要領の「言語の使用場面の例」や「言語の働きの例」を踏まえて
　　　設定する。

　　・【事柄・話題】には，当該単元で扱う題材における話題等が入る。

　　※小学校外国語科における「五つの領域別の目標」の文末は，「〜できるようにする。」となって
　　　いるが，「読むこと」のイのみ，「音声で十分に慣れ親しんだ簡単な語句や基本的な表現の意味
　　　が分かるようにする。」と，文末が「〜するようにする。」となっていることに留意する必要
　　　がある。また，この目標は，音声で十分に慣れ親しんだ簡単な語句や基本的な表現が書かれて
　　　いるものを見て，音声化することを指している。その際には，言語外情報を伴って示された簡
　　　単な語句や基本的な表現を，児童が文字の音（語の中で用いられている場合の文字が示す音の
　　　読み方）を手掛かりに，推測して読むようにする。

○「主体的に学習に取り組む態度」の評価規準について

　　・「【目的等】に応じて，」「【アルファベットの活字体の文字】を識別し，その読み方（名称）を
　　　発音しようとしている。」あるいは，「【事柄・話題】について，書かれた簡単な語句や基本的
　　　な表現を読んで意味を分かろうとしている。」が基本的な形となる。

　　※言語活動への取組に関して見通しを立てたり振り返ったりして自らの学習を自覚的に捉えて

いる状況については，特定の領域・単元だけではなく，年間を通じて評価する。

【「読むこと」の評価規準の設定例】

	知識・技能	思考・判断・表現	主体的に学習に取り組む態度
評価規準（設定例）	＜知識＞ アルファベットの活字体の大文 **言語材料** 字・小文字について理解して いる。 ＜技能＞ アルファベットの活字体の大文 **言語材料** 字・小文字を識別したり，その 読み方を発音したりする技能を 身に付けている。	<u>ALTなどに自分の名前のスペ</u> **目的等** <u>リングを理解してもらったり，</u> <u>ALTや友達の名前のスペリン</u> <u>グを確認したりするために，名</u> <u>前のスペリング</u>を識別し，発音 **事柄・話題** している。	<u>ALTなどに自分の名前のスペ</u> **目的等** <u>リングを理解してもらったり，</u> <u>ALTや友達の名前のスペリン</u> <u>グを確認したりするために，名</u> <u>前のスペリング</u>を識別し，発音 **事柄・話題** しようとしている。

※ここに記した単元の目標や評価規準は，あくまで例示であり，より重点化したり，より端的に記載
　したりすることも考えられる。目標に照らして観点別の評価を行う上で必要な要素が盛り込まれ
　ていれば，語順や記載の仕方等は必ずしもこの例示の通りである必要はない。

「話すこと[やり取り]」の場合

○「知識・技能」の評価規準について

＜知識＞
- 「【言語材料】について理解している。」が基本的な形となる。
- 【言語材料】には，当該単元で扱う言語材料が入る。
- 言語材料の種類に応じて，「○○の意味や働きを」などの形で当てはめることも考えられる。

＜技能＞
- 「【事柄・話題】について，【言語材料】などを用いて，【内容】を伝え合う技能を身に付けている。」が基本的な形となる。
- 【事柄・話題】には，当該単元で扱う題材における話題等が入る。
- 【内容】には，当該単元の中心となる言語活動において伝え合う，【事柄・話題】についての自分の考えや気持ち，あるいは指示や依頼及びそれらへの応答など，伝え合う内容が入る。

※指導する単元で扱う言語材料が提示された状況で，それらを用いて自分の考えや気持ちなどを伝え合うことができる技能を身に付けている状況を評価するのではなく，使用する言語材料の提示がない状況において，それらを用いて自分の考えや気持ちなどを伝え合うことができる技能を身に付けている状況を評価することに留意する。

○「思考・判断・表現」の評価規準について

- 「【目的等】に応じて，【事柄・話題】について，簡単な語句や基本的な表現を用いて【内容】を伝え合っている。」が基本的な形となる。
- 【目的等】には，当該単元の中心となる言語活動において設定するコミュニケーションを行う目的や場面，状況などを，「○○に応じて」「○○するよう」「○○するために」などの形で当てはめる。その際，学習指導要領の「言語の使用場面の例」や「言語の働きの例」を踏まえて設定する。

○「主体的に学習に取り組む態度」の評価規準について

- 「【目的等】に応じて，【事柄・話題】について，簡単な語句や基本的な表現を用いて【内容】を伝え合おうとしている。」が基本的な形となる。

※言語活動への取組に関して見通しを立てたり振り返ったりして自らの学習を自覚的に捉えている状況については，特定の領域・単元だけではなく，年間を通じて評価する。

【「話すこと[やり取り]」の評価規準の設定例】

	知識・技能	思考・判断・表現	主体的に学習に取り組む態度
評価規準（設定例）	＜知識＞ 身の回りの物を表す語や, I〔言語材料〕 like/want/have ～., Do you ～?, What do you ～? の表現について理解している。 ＜技能＞ 自分や相手のことについて〔事柄・話題〕, 身の回りの物を表す語や, I〔言語材料〕 like/want/have ～., Do you ～?, What do you ～? を用いて, 考えや気持ちなどを伝え〔内容〕 合う技能を身に付けている。	新しくやってきたALTのことを〔目的等〕 理解したり自分のことを伝えたりするために, 自分や相手のこ〔事柄・話題〕 とについて, 簡単な語句や基本的な表現を用いて, 考えや〔内容〕 気持ちなどを伝え合っている。	新しくやってきたALTのことを〔目的等〕 理解したり自分のことを伝えたりするために, 自分や相手のこ〔事柄・話題〕 とについて, 簡単な語句や基本的な表現を用いて, 考えや〔内容〕 気持ちなどを伝え合おうとしている。

※ここに記した単元の目標や評価規準は, あくまで例示であり, より重点化したり, より端的に記載したりすることも考えられる。目標に照らして観点別の評価を行う上で必要な要素が盛り込まれていれば, 語順や記載の仕方等は必ずしもこの例示の通りである必要はない。

第2章　学習評価に関する事例について

1　事例の特徴

　第1編第1章2（4）で述べた学習評価の改善の基本的な方向性を踏まえつつ，平成29年改訂学習指導要領の趣旨・内容の徹底に資する評価の事例を示すことができるよう，本参考資料における事例は，原則として以下のような方針を踏まえたものとしている。

○　単元に応じた評価規準の設定から評価の総括までとともに，児童の学習改善及び教師の指導改善までの一連の流れを示している

　　本参考資料で提示する事例は，いずれも，単元の評価規準の設定から評価の総括までとともに，評価結果を児童の学習改善や教師の指導改善に生かすまでの一連の学習評価の流れを念頭においたものである（事例1では，この一連の流れを特に詳細に示している）。なお，観点別の学習状況の評価については，「おおむね満足できる」状況，「十分満足できる」状況，「努力を要する」状況と判断した児童の具体的な状況の例などを示している。「十分満足できる」状況という評価になるのは，児童が実現している学習の状況が質的な高まりや深まりをもっていると判断されるときである。

○　観点別の学習状況について評価する時期や場面の精選について示している

　　報告や改善等通知では，学習評価については，日々の授業の中で児童の学習状況を適宜把握して指導の改善に生かすことに重点を置くことが重要であり，観点別の学習状況についての評価は，毎回の授業ではなく原則として単元や題材など内容や時間のまとまりごとに，それぞれの実現状況を把握できる段階で行うなど，その場面を精選することが重要であることが示された。このため，観点別の学習状況について評価する時期や場面の精選について，「指導と評価の計画」の中で，具体的に示している。

○　評価方法の工夫を示している

　　児童の反応やノート，ワークシート，作品等の評価資料をどのように活用したかなど，評価方法の多様な工夫について示している。

2 各事例概要一覧と事例

事例1 キーワード：指導改善・学習改善，「聞くこと」「話すこと［やり取り］」における評価，
指導の計画から評価の総括まで

We Can! 1 Unit 2 「When is your birthday?」（第5学年）

「聞くこと」及び「話すこと［やり取り］」における，「知識・技能」「思考・判断・表現」「主体的に学習に取り組む態度」の評価方法等に焦点を当てた事例である。同時に，「単元を見通した指導の重要性」を示すため，単元全体を通しての指導と評価の例を記載する。併せて，「指導改善」と「学習改善」のための一方策として，授業中の学習活動で見取った課題を次の学習活動等で指導に生かすといった，「評価と指導のサイクル」を本事例で示している。

事例2 キーワード：「話すこと［発表］」における評価

We Can! 1 Unit 5 「She can run fast. He can sing well.」（第5学年）

「話すこと［発表］」における，「知識・技能」「思考・判断・表現」「主体的に学習に取り組む態度」の評価方法等に焦点を当てた事例である。また，この単元では，児童それぞれが第三者について分かったことを発表する活動が設定されているため，このような言語活動の中で，どのように「話すこと［発表］」における指導と評価を行うのかについて示している。

事例3 キーワード：複数の単元を通した「主体的に学習に取り組む態度」の評価，
「話すこと[発表]」「書くこと」における評価

We Can! 2 Unit 1 「This is ME!」・Unit 2 「Welcome to Japan.」（第6学年）

「話すこと［発表］」及び「書くこと」における，「知識・技能」「思考・判断・表現」「主体的に学習に取り組む態度」の評価方法等に焦点を当てた事例である。ただし，「主体的に学習に取り組む態度」に関しては，長期的な視点で評価することも考えられることから，本事例では，2単元を通して，その指導と評価の具体を示している。

事例4 キーワード：「読むこと」「話すこと［発表］」「書くこと」における評価

We Can! 2 Unit 4 「I like my town.」（第6学年）

「読むこと」及び「話すこと［発表］」，「書くこと」における，「知識・技能」「思考・判断・表現」の評価方法等に焦点を当てた事例である。同時に，「読むこと」「書くこと」に関して，Unit 1から本単元までのまとめとして，授業内で行う10分程度の「チャレンジクイズ」の具体例を示している。

＜事例5及び6については，外国語活動［第3学年及び第4学年］の事例として挙げることとする＞

事例5 キーワード：「話すこと［やり取り］」における評価

Let's Try! 1 Unit 7 「This is for you.」（第3学年）

「話すこと［やり取り］」における，「知識・技能」「思考・判断・表現」「主体的に学習に取り組む態度」の評価方法等に焦点を当てた事例である。

事例6 キーワード：「聞くこと」「話すこと［発表］」における評価

Let's Try! 2 Unit 5 「Do you have a pen?」（第4学年）

「聞くこと」及び「話すこと［発表］」における，「知識・技能」「思考・判断・表現」及び「話すこと［発表］」における「主体的に学習に取り組む態度」の評価方法等に焦点を当てた事例である。

第3編

外国語科　事例1
キーワード　指導改善・学習改善,「聞くこと」「話すこと [やり取り]」における評価,
　　　　　　指導の計画から評価の総括まで

単元名	関係する領域別目標
We Can! 1 Unit 2 「When is your birthday?」 （第5学年）	「聞くこと」 イ　ゆっくりはっきりと話されれば，日常生活に関する身近で簡単な事柄について，具体的な情報を聞き取ることができるようにする。 「話すこと[やり取り]」 イ　日常生活に関する身近で簡単な事柄について，自分の考えや気持ちなどを，簡単な語句や基本的な表現を用いて伝え合うことができるようにする。 「書くこと」 ア　大文字，小文字を活字体で書くことができるようにする。

1　単元の目標

　自分のことをよく知ってもらったり相手のことをよく知ったりするために，相手の誕生日や好きなもの，欲しいものなど，具体的な情報を聞き取ったり，誕生日や好きなもの，欲しいものなどについて伝え合ったりできる。また，アルファベットの活字体の大文字を書くことができる。

　※なお，本単元における「書くこと」については目標に向けて指導は行うが，本単元内で記録に残す評価は行わない。

2　単元の評価規準

		知識・技能	思考・判断・表現	主体的に学習に取り組む態度
聞くこと		＜知識＞ 月日の言い方や，I like/want ～. Do you like/want ～? What do you like/want? When is your birthday?, その答え方について理解している。 ＜技能＞ 誕生日や好きなもの，欲しいものなど，具体的な情報を聞き取る技能を身に付けている。	相手のことをよく知るために，誕生日や好きなもの，欲しいものなど，具体的な情報を聞き取っている。	相手のことをよく知るために，誕生日や好きなもの，欲しいものなど，具体的な情報を聞き取ろうとしている。
話すこと[やり取り]		＜知識＞ 月日の言い方や，I like/want ～. Do you like/want ～? What do you like/want? When is your birthday?, その答え方について理解している。 ＜技能＞ 誕生日や好きなもの，欲しいものなどについて，I like/want ～. Do you like/want ～? What do you like/want ～? When is your birthday?等を用いて，考えや気持ちなどを伝え合う技能を身に付けている。	自分のことをよく知ってもらったり相手のことをよく知ったりするために，自分や相手の誕生日や好きなもの，欲しいものなどについて，お互いの考えや気持ちなどを伝え合っている。	自分のことをよく知ってもらったり相手のことをよく知ったりするために，自分や相手の誕生日や好きなもの，欲しいものなどについて，お互いの考えや気持ちなどを伝え合おうとしている。

※単元のまとまりの中で適切に評価を実施するためには，観点別学習状況を記録に残す場面等を精選し，単元の計画を立てる段階から，評価時期や場面，評価方法等を考えておくことが重要であり，そのことを踏まえ，以下のとおり指導と評価の計画を作成した。

　本事例では，児童の学習状況を記録に残す評価については，「評価」の欄に 聞/や とともに [「聞くこと」/「話すこと[やり取り]」の記録に残す評価] として示している。

　それに加えて，日々の授業の中で児童の学習状況を適宜把握して指導の改善に生かすことが重要であるため，児童の学習状況を記録に残さない活動や時間においても，教師が児童の学習状況を確認する必要がある。そこで，本事例では，指導改善と学習改善のための方策の一例として，以下の「単元の指導と評価の計画」の表中「評価」の欄に [教師の指導改善のためのポイント例]，「目標・活動」の欄に [児童の学習改善のためのポイント例] を示している。ここで確認した学習状況は，単元や学期末の評価を総括する際に参考にすることもできる。

※「単元の指導と評価の計画」内の活動は，次のとおり省略して表記している。
Small Talk：「ST」，Let's Listen：「LL」，Let's Watch and Think：「LW&T」，
Activity：「ACT」，STORY TIME：「STIME」，Let's Chant：「LC」，Let's Talk：「LT」

第3編 事例1

3　「聞くこと」・「話すこと[やり取り]」に焦点をおいた単元の指導と評価の計画（7時間）

時	目標◆・活動○【】	評価			
		知技	思判表	態度	評価規準〈評価方法〉
	◆月の言い方を知る。また，アルファベットの活字体の大文字を書くことができる。				
1	○Small Talk：好きな季節や月 【Let's Watch and Think 1】p.10, 11 【Let's Play 1】ポインティング・ゲーム(月・季節) p.10, 11 【Let's Chant】Twelve Months（②オプション）p.13 【Let's Listen 1】p.12 ・誌面にある行事は何月かを予想し，音声教材を聞いて聞こえた音について，教師とやり取りしながら答えを確かめる。 ○ミッシング・ゲーム ○Let's Read and Write ○Sounds and Letters（A, H, I, M）				本時では，記録に残す評価は行わないが，目標に向けて指導を行う。児童の学習状況を記録に残さない活動や時間においても，教師が児童の学習状況を確認する。 [教師の指導改善のためのポイント例] 　活動を通して月名を繰り返し聞かせる中で，理解しにくい児童がいた場合は，When is your birthday? と児童に尋ね，児童の日本語での回答を Your birthday is ～.と置き換え，本単元で扱う語句や表現を十分聞かせるようにする。
	◆月名を聞いたり言ったりすることができるとともに，日付の言い方を知る。また，アルファベットの活字体の大文字を書くことができる。				
2	○Small Talk：誕生日と誕生日プレゼント 【Let's Chant】Twelve Months（②オプション）p.13 【Let's Listen 2】p.13 ・英語での日付の尋ね方や答え方を聞く。 【Let's Watch and Think 2】p.12 ・世界の行事名と，それが開催される月日，また，それがどのような行事かの説明を聞く。 【Let's Chant】When is your birthday? p.13 ○Let's Read and Write ○Sounds and Letters（Y, V, X, W, T）				本時では，記録に残す評価は行わないが，目標に向けて指導を行う。児童の学習状況を記録に残さない活動や時間においても，教師が児童の学習状況を確認する。 [教師の指導改善のためのポイント例] 　活動を通して月名を繰り返し聞かせる中で，理解しにくい児童がいた場合は，When is your birthday? と児童に尋ね，児童の日本語での回答を Your birthday is ～.と置き換え，本単元で扱う語句や表現を十分聞かせるようにする。また，外国語活動で十分慣れ親しんだりこれまでに学習したりした Do you like ～? Yes, I do./No, I don't. I/You like ～. What do you want? I/You want ～.などを使って，好きなものや，欲しいものについて常にやり取りをするようにする。

3	◆誕生日や好きなものを聞き取ることができる。また，アルファベットの活字体の大文字を書くことができる。		

◆誕生日や好きなものを聞き取ることができる。また，アルファベットの活字体の大文字を書くことができる。

3

○Small Talk：誕生日と誕生日プレゼント
【Let's Chant】When is your birthday? p.13
【Let's Listen 3】p.13
・音声を聞いて，登場人物のイラストと誕生日を線で結ぶ。誕生日について，指導者の質問に答えたり尋ねたりする。

[児童の学習改善のためのポイント例]
　前時の LL2 と併せて聞き取れていない月名が何かを把握し，チャンツ等で注意して聞いたり言ったりするよう促す。

【Let's Watch and Think 3】p.14
・登場人物の Haruto と Hana が好きと言っているものを聞き取る。誕生日や好きなものについて，指導者の質問に答えたり尋ねたりする。

[児童の学習改善のためのポイント例]
　振り返り前に，教師が My birthday is 〜. When is your birthday?と数名に尋ねた後，全体にも尋ね，誕生日を言えたかどうかを振り返らせて次時の目標をもたせる。

○Let's Read and Write
○Sounds and Letters（F, N, L, K, E）

本時では，記録に残す評価は行わないが，目標に向けて指導を行う。児童の学習状況を記録に残さない活動や時間においても，教師が児童の学習状況を確認する。

[教師の指導改善のためのポイント例]
　LC で自信なげに言っている児童や LL3 において誕生日を聞き取れていない児童がいる場合は，LC を再度設定し，歌詞をその誕生日に替えて行うようにする。
　LW&T3 において，好きなものを聞き取れていない児童がいる場合は，次時の LW&T4 を複数回視聴させ，回答を確認する際に，指導者が好きなものについて尋ねたり答えたりするなどの表現を何度も繰り返し言って，聞かせるようにする。また，第4時に向けて，児童に誕生日や好きなもの，欲しいものについて尋ね，その質問の仕方や答え方に慣れさせておく。

第3編
事例1

4

◆誕生日や好きなもの，欲しいものを聞き取ったり，それらについて尋ねたり答えたりして伝え合ったりすることができる。また，アルファベットの活字体の大文字を書くことができる。

【Let's Chant】When is your birthday? p.13
○Small Talk：誕生日と誕生日プレゼント
【Let's Watch and Think 4】p.15
・デジタル教材を再度，視聴し Hana について分かったことをテキストに書く。誕生日や好きなもの，欲しいものについて教師の質問に答えたり尋ねたりする。

本時では，「話すこと[やり取り]」については，記録に残す評価は行わないが，目標に向けて指導を行う。児童の学習状況を記録に残さない活動や時間においても，教師が児童の学習状況を確認する。

[教師の指導改善のためのポイント例]
　前活動で，欲しいものなどについて聞き取りが十分ではない児童がいる場合は，LW&T4 を複数回視聴し，指導者が I'm Hana. I like ...?　I want ...?と視聴内容を確認し，その児童に When is your birthday? What do you want for your birthday? Do you like 〜?と尋ね，これらの表現を十分に聞かせ理解させるようにする。また，次時での活動につなげるためにも，本時の様々な活動後に I like soccer. What sport do you like? I want 〜 for my birthday. When is your birthday?　What do you want for your birthday? のように，指導者が好きなものや欲しいものを表現してから尋ね，意味のあるやり取りの中で表現の定着を図るようにする。

○指導者の誕生日についての短い話を聞き，聞き取ったことをワークシートに記入する。

聞

[「聞くこと」の記録に残す評価]
◎指導者の誕生日や好きなもの，欲しいものを聞き取っている。〈行動観察・ワークシート記述分析〉
・児童が聞き取る様子やワークシートの記述を分析し，評価の記録を残す。
→p.52

・誕生日や好きなもの，欲しいものについて質問に答えたり尋ねたりする。
○メモリー・ゲーム
【Activity 1】p.14
・インタビューをする。ペアで誕生日に欲しいものを尋ねたり答えたりして記入する。

	○Let's Read and Write ○Sounds and Letters（Z, G, D, B）				

第3編 事例1

5	◆相手のことをよく知るために，誕生日などについて短い話を聞いて，具体的な情報を聞き取ったり，誕生日や好きなもの，欲しいものを尋ねたり答えたりして伝え合ったりすることができる。また，活字体の大文字を書くことができる。				
	【Let's Chant】When is your birthday? p.13 【Let's Watch and Think 4】p.15 ・デジタル教材を再度，視聴し Gilbert について分かったことをテキストに書く。 （Small Talk：欲しいもの） ○メモリー・ゲーム 【Activity 2】p.16 ・プレゼントしたいものの絵を描いてバースデーカードを完成させる。 　[児童の学習改善のためのポイント例] 　よいやり取りの例の紹介を聞いて，次の【Activity 2】に向けて自分はどうかという見通しをもつ。 ○カードを作ろう。 【Let's Watch and Think 5】p.15 ・デジタル教材を視聴して Laksh について分かったことを，テキストに書く。 ※教材の登場人物は，児童と同じ5年生であり，児童とともに1年間成長する設定となっている。さらに，単元での学習を重ねながら，児童が登場人物について理解を深めることで，各単元の内容が理解できる設定となっている。 ○Sounds and Letters（O, J, C, P）	聞	聞		本時では，「話すこと［やり取り］」については，記録に残す評価は行わないが，目標に向けて指導を行う。児童の学習状況を記録に残さない活動や時間においても，教師が児童の学習状況を確認する。 　[教師の指導改善のためのポイント例] 　前時の「○指導者の話を聞く」活動において，聞き取りが不十分な児童がいる場合は，その児童の状況を見ながら活動を進め，聞き取りができるよう継続的に指導を行う。また，欲しいものを聞き取れずに紙面に書けていない児童がいる場合は，ST を設定し，何が欲しいか尋ねたり，答えたりするようにする。 　[「聞くこと」の記録に残す評価] ◎相手のことをよく知るために，誕生日などについて短い話を聞いて，具体的な情報を聞き取っている。〈行動観察・テキスト記述分析〉 ◎相手のことをよく知るために，誕生日などについて短い話を聞いて，具体的な情報を聞き取ろうとしている。〈行動観察・テキスト記述分析〉 ・児童が聞き取る様子やテキストの記述を分析し，評価の記録を残す。
6	◆自分のことをよく知ってもらったり相手のことを知ったりするために，誕生日や好きなもの，欲しいものなどについて尋ねたり答えたりして伝え合うことができる。また，アルファベットの活字体の大文字を書くことができる。				
	○Small Talk：好きなもの，欲しいもの 【Let's Chant】p.13 When is your birthday? 【Let's Watch and Think 6】p.16 ○Let's Read and Write 【Activity 2】p.16 ・バースデーカードの相手を探し，他者に配慮しながらカードに書かれていることについてやり取りする。 【STORY TIME】① p.17 ○Sounds and Letters（S, Q, U, R）	や			[教師の指導改善のためのポイント例] 　「話すこと［やり取り］」は，「聞くこと」ができていることが前提となるため，前時までに聞き取りが不十分な児童がいる場合は，LW&T6 を複数回視聴させ，誕生日や好きなもの，欲しいものなどについて聞き取らせたり，数名の児童に全体で尋ねたりするなどしてやり取りの例を示し，児童が自信をもって ACT2 でやり取りを行えるようにする。 　[「話すこと［やり取り］」の記録に残す評価] ◎誕生日や好きなもの，欲しいものなどについて尋ねたり答えたりして伝え合っている。〈行動観察〉 ・児童が伝え合う様子を観察し，評価の記録を残す。 　[教師の指導改善のためのポイント例] 　ACT2 においてやり取りが不十分な児童がいる場合は，STIME で読み聞かせをした後，教師が誕生日や好きなもの，欲しいものなどについて，その児童とやり取りを

| | | | | 行い，表現の定着に向けて指導を行う。 |

◆自分のことをよく知ってもらったり相手のことをよく知ったりするために，誕生日や好きなもの，欲しいものなどについて尋ねたり答えたりして伝え合うことができる。

<table>
<tr><td rowspan="3">7</td><td>【Let's Chant】When is your birthday? p.13</td><td></td><td></td><td>[教師の指導改善のためのポイント例]
「話すこと［やり取り］」は，「聞くこと」ができていることが前提となるため，前時までで「聞くこと」が不十分な児童がいる場合は，LCの後にその児童とやり取りを行い，児童が自信をもってACT2でやり取りを行えるようにする。</td></tr>
<tr><td>【Activity 2】p.16
・バースデーカードの相手を探し，他者に配慮しながらカードに書かれていることについてやり取りする。</td><td>や</td><td>や</td><td>[「話すこと［やり取り］」の記録に残す評価]
◎自分のことをよく知ってもらったり相手のことをよく知ったりするために，誕生日や好きなもの，欲しいものなどについて尋ねたり答えたりして伝え合っている。〈行動観察〉
◎自分のことをよく知ってもらったり相手のことをよく知ったりするために，誕生日や好きなもの，欲しいものなどについて尋ねたり答えたりして伝え合おうとしている。〈行動観察〉
・児童が伝え合う様子を観察し，評価の記録を残す。</td></tr>
<tr><td>【STORY TIME】② p.17</td><td></td><td></td><td></td></tr>
</table>

第3編
事例1

本単元における 「聞くこと」 「話すこと ［やり取り］」 の評価場面

時	知識・技能	思考・判断・表現	主体的に学習に取り組む態度
1			
2			
3			
4	指導者の話を聞く		
5	（LW＆T5）	LW＆T5	
6	ACT2		
7	（ACT2）	ACT2	

5年 Unit 2—Lesson 4　　単元名　When is your birthday?　行事・誕生日　　4/7 時間
目　標　誕生日や好きなもの，欲しいものを聞き取ったり，それらについて尋ねたり答えたりして伝え
　　　　合ったりすることができる。また，アルファベットの活字体の大文字を書くことができる。
準　備　児童用テキスト，ワークシート（Unit 2-2, 2-8, 他），バースデーカード（前時に使用したもの），
　　　　デジタル教材，振り返りシート

4－1　第4時（「聞くこと」の評価場面）の指導と評価

時間	児童の活動	指導者の活動　　◎評価〈方法〉　●指導改善例	準備物
3分	・挨拶をする。 【Let's Chant】When is your birthday? p.13 ・音声に合わせてチャンツを言う。	・全体に挨拶し，個別に数名の児童に挨拶する。 ・児童の実態により，スピードを選ぶ。 ●第3時で誕生日を聞き取ることが不十分な児童がいた場合，その月に替えて行うようにする。 　たん生日や好きなもの，ほしいものを聞きとろう。	デジタル教材
8分	【Let's Watch and Think 4】p.14 ・デジタル教材を視聴し，Hana について分かったことをテキストに書く。	・デジタル教材を視聴する際は，耳だけで聞き取ろうとせず，表情やジェスチャーなどの音声以外の非言語情報が内容理解の助けになることを確認する。 ・Gilberto と Hana の会話場面であることを確認し，Hana について分かったことをテキストに書くように言う。 ・児童の様子を見ながら，複数回視聴させる。	児童用テキスト デジタル教材
	はな　　　　：Gilberto. I like your T-shirt. ギルベルト：Thank you. It's new. はな　　　　：Do you like soccer? Do you want new soccer shoes? ギルベルト：Yes! Yes! I want new soccer shoes. I want a new soccer ball, too. For my birthday! Hana, what do you want for your birthday? Do you want a new soccer ball? はな　　　　：No, I don't. I like dancing. And I like orange things. ギルベルト：What do you want for your birthday? はな　　　　：I want an orange bag. And I want one more thing! ギルベルト：One more thing? はな　　　　：Yes! I want a dog for my birthday.		
		●複数回視聴させた後，教師が I'm Hana. I like …? I want …? と視聴内容を確認し，複数名の児童に When is your birthday? What do you want for your birthday? Do you like ～?と尋ね，これらの表現を十分に聞かせるようにする。前活動で，欲しいものなどについて聞き取りが十分ではない児童がいる場合は，その児童に尋ね，これらの表現を理解させるようにする。	
5分	○指導者の誕生日についての話を聞く。 ・指導者がゆっくりはっきり話すのを聞いて，分かったことを書く。	・指導者が誕生日などについて話すことを聞いて，ワークシートに分かったことを記入するように言う。 　（指導者の誕生日についての話の例） 　Hello, everyone. My birthday is September 28th. Look, this is my bag.（実際に鞄を見せて）It's old and small. I want a new big blue bag. I like blue. So, I want a new big blue bag for my birthday. ◎指導者の誕生日や好きなもの，欲しいものを聞き取っている。〈行動観察・ワークシート記述分析〉	ワークシート

4分	○メモリー・ゲーム ・グループでじゃんけんをして，勝った者から右回りで行う。カードを贈り合う児童同士は同じグループにならないようにする。	・進め方の例を示す。 ・中学年で慣れ親しんだ，好きなものを尋ねたり答えたりする表現を聞いたり言ったりして，Activity 1 につなげる。	

> 全員 : What color do you like?
　　A : I like blue.
全員 : What color do you like?
　　B : A, you like blue. I like white.
全員 : What color do you like?
　　C : A, you like blue. B, you like white. I like orange.
全員 : What color do you like?
　　D : A, you like blue. B, you like white. C, you like orange. I like yellow.
同様に，グループ全員が行う。color が終われば，animal, food などで同様に行う。

		・本ゲームのルールである「相手の言ったことを繰り返すこと」は，聞く力を高めるとともに Small Talk 等で対話を続けるための方策であることを，体験を通して伝える。	
12分	【Activity 1】p.14 ・バースデーカードを贈り合うペアで，誕生日や好きなもの，欲しいものを尋ねたり答えたりする。 ・インタビュー内容に沿って，相手の好きな色でバースデーカードを飾ったり，好きなものの絵を描いたりする。	・相手が喜ぶバースデーカードを作成するという目的を確認し，そのためにしっかり聞き取ろうという意欲をもたせる。 ・Let's Watch and Think 4 での Gilberto と Hana の会話を思い出させるとともに，メモリー・ゲームでの相手の答えに対する反応を意識させながら，テキスト誌面の内容について，友達と互いに尋ねたり答えたりさせる。 ・互いの誕生日について対話の中で尋ね合うように指示をするが，すでに互いの誕生日を知っているようであれば，"When is your birthday?" と尋ねた後に，"January 18th?" と誕生日を確認する聞き方をすることも考えられる。 ・活動が終了したペアには，次の活動までにバースデーカードを作るように言う。	児童用テキスト バースデーカード （前時に使用したもの）
5分	○Let's Read and Write ・バースデーカードに文字を書き写す。カードの所定の場所に Happy Birthday! の H と B を書き写す。 （□appy □irthday!）	・黒板に実際に書いて見せ，友達がもらって嬉しいバースデーカードになるように丁寧に H と B を書くように促す。 ・ワークシートの表の下に記載してある手本をよく見て書かせる。	バースデーカード （前時に使用したもの） ワークシート （Unit 2-2）
5分	○Sounds and Letters 　　　　（Z, G, D, B） ・Z, G, D, B の書き方を知り，形や4線上の書く位置に注意を払いながら，ワークシートの4線上に文字を書く。 ・文字の名称を聞いて書く。	・書く前に，児童と一緒にアルファベットの読み方や4線上の位置について確認してから始める。 ・ワークシート(Unit 2-8)「2.自分で練習しよう。」の4線上に聞こえた文字を書くよう促す。デジタル教材で音声を流す際には，目を閉じさせたり，文字が TV 画面に映らないようにしたりして，聞くことに集中できるよう配慮する。	ワークシート （Unit 2-8） デジタル教材
3分	・本時の活動を振り返る。振り返りシートに記入する。 ・挨拶をする。	・本時のめあてに沿って振り返らせ，書くように促す。 ・挨拶をする。	振り返りシート

第4時　ワークシート例

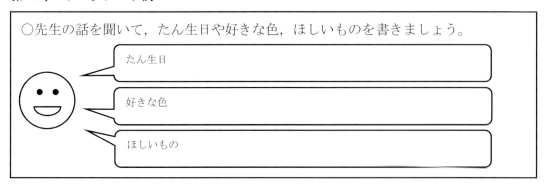

4－2　「聞くこと」（「知識・技能」）の評価例（第４時）

評価場面	指導者の話を聞く活動
評価方法	行動観察，ワークシート記述分析
事前の手立て	・第３時までに全体に When is your birthday? What do you want for your birthday? Do you like ～?と尋ねた後，複数の児童に個別に尋ね，児童の回答に応じて，Your birthday is ～. You want/like ～. と返すことを通して，月名や日付を聞かせこれらの語句や表現の定着を十分に図っておく。 ・第４時に ALT が来校する計画の場合は，ALT の話を聞く活動で「記録に残す評価」を行うことが考えられる。その場合は，指導者は，それまでの全時間を通して，My birthday is ～. When is your birthday? I want ～ for my birthday. What do you want for your birthday? I like ～. Do you like ～?と答え方を聞かせてから，尋ねるなどして，児童に月名やこれらの表現を意味のあるやり取りの中で十分聞かせたり言わせたりしておくようにする。
評価例	・児童１は，指導者の話を聞いて，ワークシートに「たん生日：９月28日」「好きな色：青色」「ほしいもの：青いかばん」と書いていたので，「おおむね満足できる」状況（b）と判断した。 ・児童２は，指導者の話を聞いて，ワークシートに「たん生日：８月28日」「好きな色：青色」「ほしいもの：小さいかばん」と書いていた。月名と欲しいものの聞き取りが正確さに欠けていることから，「努力を要する」状況（c）と判断した。
事後指導	・児童２について，「努力を要する」と記録に残す評価をしたため，その後の指導改善や学習改善につながる手立てを継続して行うようにする。例えば，Small Talk で What do you want?と尋ねたり答えたりする内容を扱ったり，ACT2 等の活動の中で児童の改善状況を見取ったりしながら助言や支援を行うようにする。なお，児童２は，次時での LW&T5 で改善が見られたため，その見取りを「知識・技能」に加味し，「おおむね満足できる」状況（b）と判断して「記録に残す評価」とし，本単元における「聞くこと」における「知識・技能」において評価の総括を「B」とした。

4－3　本単元における「聞くこと」における評価の総括

評価観点	知識・技能		本単元における評価	思考・判断・表現	本単元における評価	主体的に学習に取り組む態度	本単元における評価
評価場面	第４時 指導者の話を聞く活動	（第５時） （LW&T5）		第５時 LW&T5		第５時 LW&T5	
評価方法	行動観察・ワークシート記述分析	行動観察・テキスト記述分析		行動観察・テキスト記述分析		行動観察・テキスト記述分析	
評価規準	指導者の誕生日や好きなもの，欲しいものを聞き取っている。	相手の誕生日や好きなもの，欲しいものを聞き取っている。		相手のことをよく知るために，誕生日などについて短い話を聞いて，具体的な情報を聞き取っている。		相手のことをよく知るために，誕生日などについて短い話を聞いて，具体的な情報を聞き取ろうとしている。	
児童１	b	-	B	c	C	c	C
児童２	c	(b)	B	b	B	b	B
児童３	b	-	B	a	A	a	A

- 53 -

第３編
事例１

5－1　（「話すこと［やり取り］」の評価場面）の指導と評価（第7時）

5年 Unit 2―Lesson 7　　単元名　When is your birthday?　行事・誕生日　　7/7 時間
目　標　自分のことをよく知ってもらったり相手のことをよく知ったりするために，誕生日や好きな
　　　　もの，欲しいものなどについて尋ねたり答えたりして伝え合うことができる。
準　備　児童用テキスト，バースデーカード（児童が完成させたもの），デジタル教材，振り返りシート

※デジタル教材で特に表記のないものに関しては該当学年のものを使用する。

第3編
事例1

時間	児童の活動	指導者の活動　◎評価〈方法〉　●指導改善例	準備物
5分	・挨拶をする。 【Let's Chant】When is your birthday? p.13 ・音声に合わせてチャンツを言う。	・全体に挨拶し，個別に数名の児童に挨拶する。 ・児童の実態により，チャンツの種類やスピードを選ぶ。 好きなものやほしいものについて伝え合おう。	デジタル教材
30分	【Activity 2】p.16 ・バースデーカードの相手を探し，他者に配慮しながらカードに書かれていることについてやり取りをする。お祝いの気持ちを込めてバースデーカードを渡す。	・児童を，カードを届ける側ともらう側に分ける。 ・他者に配慮した気持ちのよいやり取りの具体例について，全員で意見を出し合い，共通理解を図ってから活動を始める。 ・進め方の例を示す。	バースデーカード（児童が完成させたもの）

> **進め方**
> ・前時に完成したバースデーカードを集め，あらかじめ次のように分けておく。
> 　児童を，カードを届ける側①ともらう側②の2つのグループに分ける。誕生日カードを，①の児童がもらうカード（①カード）と，②の児童がもらうカード（②カード）の2つに分ける。
> ・①の児童に②カードを，②の児童に①カードを無作為に配る。その際，作った本人に作ったカードが渡らないようにする。
> ・まず，①の児童が②カードを持って，②の児童の誰かとペアになってやり取りをしながら，自分の持つ②カードの誕生日の人を探す。探し当てられたら，そのカードを開いて To の名前と一致しているかを確かめ，カードの内側に様々描かれている好きなものや欲しいものについて尋ねたり答えたりして やり取りをしてから，カードを渡す。
> ・①の児童全員がカードを配り終えたら，役割を交替して同様にやり取りをする。

時間	児童の活動	指導者の活動　◎評価〈方法〉　●指導改善例	準備物
	・活動の途中で，やり取りが長く続いたペアがデモンストレーションする。 ・友達について気付いた意外な一面や知ることができてよかったこと，嬉しかったことなどを交流する。	●活動の途中で中間評価をして，会話のモデルとなるよいやり取りの具体例を示し，児童が自分の後半の活動のめあてを決めた上で，後半の活動を開始するとよい。 ●活動後には，バースデーカードを通して気付いた友達の意外な一面などについて交流させ，児童の「互いのことを知りたい」という気持ちを高めるようにする。 ◎自分のことをよく知ってもらったり相手のことをよく知ったりするために，誕生日や好きなもの，欲しいものなどについて尋ねたり答えたりして伝え合っている。〈行動観察〉 ◎自分のことをよく知ってもらったり相手のことをよく知ったりするために，誕生日や好きなもの，欲しいものなどについて尋ねたり答えたりして伝え合おうとしている。〈行動観察〉	

やり取りの例

S1: Hello!	S2: Hello!
S1: When is your birthday?	S2: My birthday is February 15th.
S1: I'm sorry. I don't have your card. Goodbye.	S2: Goodbye.
S1: Hello!	S2: Hello!
S1: When is your birthday?	S2: My birthday is March 14th.
S1: March 14th. Oh, this is your birthday card.	S2: Thank you very much.

（カードはまだ渡さず，カードに描かれているものについて S1 が S2 に尋ねる）

S1: Do you like blue and white?	S2: Yes, I do. I like blue very much.
	What color do you like?
S1: I like yellow. Do you like table tennis?	S2: Yes, I do. I like table tennis.
S1: Me, too! I like table tennis. It's fun.	
You want a new T-shirt for your birthday?	S2: Yes. I want a new T-shirt!
S1: This is for you. Here you are. Happy birthday!	
（S1 が S2 にバースデーカードを渡す）	S2: Thank you very much.

※カードの相手が見つかったペアが会話を始めることで，次第に相手がまだ見つからない人数が減っていく。そのため相手を探しやすくなる。

| 5 分 | 【STORY TIME】② p.17
・Kazu と Maria の絵本の読み聞かせを聞く。 | ・絵本を読み聞かせる際には，一方的に絵本の台詞を読むのではなく，児童と各ページにある様々なイラストや話の筋についてやり取りしながら読むようにする。そうすることで，話の筋についての理解を助けるとともに，児童を絵本の世界に引き込むことができる。
・高学年で扱っている絵本のページに記されている台詞は，やがて児童が読み聞かせを聞きながら絵本の台詞を指で追って聞いたり，自分で読むことに挑戦したりすることを想定し，短く単純なものにしている。よって，指導者が台詞以外の言葉を加えながらやり取りを行い，児童の想像を膨らませるようにすることが大切である。
・指導者は，ジェスチャーを付け，表情豊かに読む。これらも児童にとっては，物語の筋を理解する上で大切な情報源となるため，デジタル教材を使って読み聞かせをする場合も同様の工夫を行うようにする。
・この後に続く Kazu の台詞を自由に考えさせて，発表し合うなどの活動なども考えられる。 | デジタル教材
児童用テキスト |
| 5 分 | ・本時の活動を振り返る。振り返りシートに記入する。
・挨拶をする。 | ・本時のねらいに照らして児童を称賛する。

・挨拶をする。 | 振り返りシート |

第3編
事例1

評価場面	Activity 2
評価方法	行動観察
事前の手立て	・本時までに全体に When is your birthday? What do you want for your birthday? Do you like 〜? と尋ねた後，複数の児童に個別に尋ね，児童の回答に応じて，Your birthday is〜. You want/like 〜. と返すことを通して，誕生日や好きなもの，欲しいものについて尋ねたり答えたりする表現の定着を十分に図っておく。 ・また，上記に示す本時で扱う語句や表現だけでなく，中学年外国語活動で慣れ親しんだり，これまでの単元で学習したりした語句や表現を，指導者は常に意識して使い，自分の気持ちや考えを児童と伝え合う，やり取りのモデルを示すようにしておく。

評価例

児童4と児童6のやり取り

児6：Hello!　　　　　　　　　　　児4：Hello!
児6：When is your birthday?　　　　児4：December … 10th.
児6：Oh, your card. （カードに記されたチョコレート，青い色の鞄，バレーボールのイラストを見て）Do you like chocolate?　児4：Yes, I do. Chocolate, good!
児6：Me, too. I like chocolate.　　　児4：Me, too. Me, too.
児6：Do you like blue?　　　　　　児4：Yes. Blue! You?
児6：I like yellow.　　　　　　　　児4：あぁ，Yellow.
児6：Yes. I like yellow.
　　　Do you like volleyball?　　　児4：Yes, volleyball, good.
児6：I like baseball. Do you like baseball?　児4：Baseball? No.
　　　OK. I like Ohtani Shohei.　　児4：Oh, Ohtani. OK.
児6：Birthday present, what do you want?　児4：Birthday present, … bag. Bag.
児6：Bag. What color?　　　　　　児4：Color?
児6：Red, yellow, blue…. あっ，Blue bag?　児4：Yes, blue bag.
児6：OK. Birthday card, here you are.　児4：OK, thank you.
児6：You're welcome.

児童5と児童6のやり取り

児5：Hello!　　　　　　　　　　　児6：Hello!
児5：When is your birthday?　　　　児6：My birthday is February 2nd.
児5：（カードに記された野球のボールとバット，黄色，犬のイラストを見て）
　　　Baseball, do you like baseball?　児6：Yes, I do. I like baseball.
児5：Me, too.　　　児6：Nice. I like Ohtani Shohei. Do you like Ohtani Shohei?
児5：Yes, I do.　　　　　　　　　児6：Ohtani Shohei is great.
児5：Yes, yes. Do you like yellow?　児6：Yes, I do. How about you?
児5：No, I don't.　　　　　　　　児6：What color do you like?
児5：I like blue. Do you like blue?　児6：Yes, I like blue, too.
児5：Birthday present, what do you want?　児6：Dog! I want dog.
児5：Oh, do you like dog?　　　　児6：Yes, yes. I like dog. Do you like dog?
児5：No. I like cats.　　　　　　　児6：OK. Good.
児5：Birthday card, here you are.　児6：Thank you.
児5：You're welcome.

児童4と児童5のやり取り

児4：Hello!　　　　　　　　　　　児5：Hello.
児4：…, なんて言うんだったかな。(指導者に教えてもらって)
　　　When … is birthday, your birthday?　児5：My birthday is July 24th.
児4：OK! えーっと，Do you like … swim?　児5：Yes, I like swimming.
　　　（カードに記された水泳，猫，青い机のイラストを見て）
児4：OK, swimming. えーっと，Do you like cat?　児5：Yes, I do. Do you like cats?
児4：No.　　　　　　　　　　　　児5：What animal do you like?
児4：…　　　　　　　　　　　　　児5：Do you like dog?
児4：Yes. Color, blue. Do you like blue?　児5：Yes, I like blue.
児4：えっと，present? Birthday present?　児5：I want a blue desk.
児4：OK. Blue desk! Birthday card. Here you are.　児5：Oh, thank you.
児4：OK.

- 児童4は，自分のことを知ってもらったり相手のことをよく知ったりしようという目的に向けてコミュニケーションを図ろうとする意欲は見られるので，「主体的に学習に取り組む態度」の観点では「おおむね満足できる」(b)と判断した。しかし，「思考・判断・表現」の観点では，自ら既習語句や表現を用いて実際に自分のことを伝えたり，相手のことについて尋ねたりしていないことから，「努力を要する」状況(c)と判断した。
- 児童5は，自分のことを知ってもらったり相手のことをよく知ったりするために，既習語句や表現を使って誕生日や好きなもの，欲しいものなどを尋ねたり答えたりしようとし，実際にしているので，「思考・判断・表現」及び「主体的に学習に取り組む態度」において「おおむね満足できる」状況(b)と判断した。
- 児童6は，自分のことを知ってもらったり相手のことをよく知ったりするために，既習語句や表現を使って誕生日や好きなもの，欲しいものなどを尋ねたり答えたりしようとし，実際にしている。その上に，カードにない野球のことを尋ね，自分の好きなものをさらに伝えていることから，「思考・判断・表現」及び「主体的に学習に取り組む態度」において「十分満足できる」状況(a)と判断した。

| 事後指導 | ・児童4について，「努力を要する」と記録に残す評価をしたため，改善点について，振り返りシート等に記入したり，口頭で伝えたりして児童の学習改善につながるようにする。指導者は，次の単元以降も常に既習語句や表現を用いてまず指導者が自分のことを言ってから尋ね，児童が既習語句や表現を十分使う機会を与え，それらが定着するよう指導を継続する。
・「話すこと[やり取り]」の評価については，ペアになる相手によって条件が変わることも考えられるため，学期に1回程度のパフォーマンス評価において全児童を，条件を一定にそろえて見取ることも考えられる。
・いずれの児童についても，I like dog. や I want bag. など，複数形の s や不定冠詞の a が抜けていたりするが，これらは「文法事項」と捉え，評価の対象とはしていない。ただし，指導者は，児童のこのような誤りをそのままにするのではなく，You like dogs. I like dogs, too. などと正しい形で繰り返し，児童がその違いに気付けるよう指導を行う。 |

5-3　本単元における「話すこと［やり取り］」における評価の総括

評価観点	知識・技能			思考・判断・表現		主体的に学習に取り組む態度	
評価場面	第6時	（第7時）		第7時		第7時	
評価方法	行動観察 ACT2	行動観察 ACT2		行動観察 ACT2		行動観察 ACT2	
評価規準	誕生日や好きなもの，欲しいものを尋ねたり答えたりして伝え合っている。	誕生日や好きなもの，欲しいものを尋ねたり答えたりして伝え合っている。	本単元における評価	自分のことをよく知ってもらったり相手のことを知ったりするために，誕生日や好きなもの，欲しいものなどについて尋ねたり答えたりして伝え合っている。	本単元における評価	自分のことをよく知ってもらったり相手のことを知ったりするために，誕生日や好きなもの，欲しいものなどについて尋ねたり答えたりして伝え合おうとしている。	本単元における評価
児童4	b	-	B	c	C	b	B
児童5	c	(b)	B	b	B	b	B
児童6	a	-	A	a	A	a	A

<table>
<tr><td colspan="2">

単元名

We Can! 1 Unit 5

「She can run fast.

He can sing well.」

（第５学年）

</td><td>

関係する領域別目標

「聞くこと」

イ　ゆっくりはっきりと話されれば，日常生活に関する身近で簡単な事柄について，具体的な情報を聞き取ることができるようにする。

「読むこと」

イ　音声で十分に慣れ親しんだ簡単な語句や基本的な表現の意味が分かるようにする。

「話すこと［発表］」

イ　自分のことについて，伝えようとする内容を整理した上で，簡単な語句や基本的な表現を用いて話すことができるようにする。

「書くこと」

ア　大文字，小文字を活字体で書くことができるようにする。

</td></tr>
</table>

１　単元の目標

　相手に自分や第三者のことをよく知ってもらうために，できることやできないことなどについて，聞いたり自分の考えや気持ちを含めて話したりすることができる。また，文字には音があることに気付くとともに，アルファベットの大文字・小文字を活字体で書くことができる。

　※なお，本単元における「聞くこと」及び「読むこと」，「書くこと」については目標に向けて指導は行うが，本単元内で記録に残す評価は行わない。

２　単元の評価規準

	知識・技能	思考・判断・表現	主体的に学習に取り組む態度
話すこと［発表］	＜知識＞ I/He/She can　～. Can you　～? など，自分や相手，第三者ができることやできないことを表す表現やその尋ね方，答え方について理解している。 ＜技能＞ I/He/She can　～. Can you　～? など，自分や相手，第三者ができることやできないことを表す表現などを用いて，自分の考えや気持ちなどを含めて話す技能を身に付けている。	相手に自分や第三者のことをよく知ってもらうために，自分や第三者ができることやできないことなどについて，自分の考えや気持ちなどを含めて話している。	相手に自分や第三者のことをよく知ってもらうために，自分や第三者ができることやできないことなどについて，自分の考えや気持ちなどを含めて話そうとしている。

3 「話すこと［発表］」に焦点をおいた単元の指導と評価の計画（8時間）

時	目標◆・活動○【】	評価			評価規準〈評価方法〉
		知技	思判表	態度	
1	◆動作を表す語や「できる」「できない」という表現が分かる。 ○Small Talk：先生のできること・できないこと 【Let's Watch and Think 1】p.36 ・映像資料の映像なしに音声のみを聞いて，その人物が誰かを推測する。 【Let's Play 1】p.34, 35 ・指導者の話を聞いて，誌面のどの動物かを推測して答える。 【Let's Chant】Can you sing well?（オプション：I can run. I can swim.）p.35 【Jingle】Animals Jingle p.39（p.77）				本時では，記録に残す評価は行わないが，目標に向けて指導を行う。児童の学習状況を記録に残さない活動や時間においても，教師が児童の学習状況を確認する。
2	◆動作を表す語やあることができるかどうかについて聞いたり話したりすることができる。また，アルファベットの文字を活字体で書くことができる。 【Let's Chant】Can you sing well?（オプション：I can run. I can swim.）p.35 【Let's Listen 1】p.36 ・音声を聞いてどの動物かを考えて，イラストの下に番号を記入する。 【Let's Play 2】ポインティング・ゲーム p.37 ○Let's Talk ・15種類のイラストの中から，自分ができることを選んでペアの相手に伝える。 【Jingle】Animals Jingle p.39 (p.77) 【Let's Play 2】ポインティング・ゲーム ○Sounds and Letters（5×5ビンゴ）				本時では，記録に残す評価は行わないが，目標に向けて指導を行う。児童の学習状況を記録に残さない活動や時間においても，教師が児童の学習状況を確認する。
3	◆あることができるかどうかを尋ねたり答えたりできる。また，アルファベットの文字を活字体で書くことができる。 ○Small Talk：好きなスポーツや趣味 【Let's Listen 2】Who am I? p.36 ・音声を聞いて，イラストにある動物の内どの動物のことかを考える。 ○デスティニー・ゲーム 【Let's Chant】Can you sing well?（オプション：Can you swim?）p.35 【Activity 1】p.37 ・指導者の質問に答えたり，指導者と一緒に代表児童に尋ねたりする。 ・ペアでできることできないことを予想して尋ね合う。 【Jingle】Animals Jingle p.39 (p.77) ○Sounds and Letters				本時では，記録に残す評価は行わないが，目標に向けて指導を行う。児童の学習状況を記録に残さない活動や時間においても，教師が児童の学習状況を確認する。
4	◆あることができるかどうかについて聞いたり，尋ねたり答えたりできる。また，アルファベットの文字を活字体で書くことができる。 【Let's Chant】Can you sing well?（オプション：Can you swim?）p.35 【Let's Watch and Think 2】前半のみ p.38 ・映像を視聴して，誌面に○や△を書いたり，指導者の質問に答えたりする。				

第3編
事例2

- 59 -

	【Activity 2】p.37 ・友達にあることについてできるかどうかを尋ね，できる場合はイラストの下に名前を書いてもらう。 【Jingle】Animals Jingle p.39 (p.77) ○Sounds and Letters	発		[「話すこと [発表]」の記録に残す評価] ◎あることができるかどうかについて尋ねたり答えたりしている。〈行動観察・テキスト記述分析〉 ・児童が友達とできることできないことについて尋ねたり答えたりしている様子を観察し，評価の記録を残す。
5	◆第三者ができることやできないことについて話を聞き取ることができる。また，アルファベットの文字の読み方には，名称のほかに音があることに気付く。			
	○Small Talk：好きな有名人 ・指導者の会話から第三者の紹介の仕方を知る。 【Let's Watch and Think 2】後半 p.38 ・Let's Watch and Think 2 の後半を視聴し，第三者の紹介の仕方を知る。 ○Who is he? Who is she? ・指導者による He/She を使った人物紹介を聞きそれが誰かを当てる。 【Let's Chant】Can you sing well?（オプション4）：He can run fast. She can sing well. p.35 ○Sounds and Letters（ひそひそビンゴゲーム）			本時では，記録に残す評価は行わないが，目標に向けて指導を行う。児童の学習状況を記録に残さない活動や時間においても，教師が児童の学習状況を確認する。
6	◆第三者についてできることやできないことを話すことができる。また，アルファベットの文字の読み方には，名称のほかに音があることに気付くとともに，アルファベットの活字体を書くことができる。			
	【Let's Chant】Can you sing well?（オプション：He can run fast. She can sing well.）p.35 【Let's Listen 3】p.40 ・音声を聞いてどの人物かを考え人物の写真の下に番号を記入する。 ○Who is he? Who is she? ・【Activity 2】p.37 で友達にインタビューしたことをもとに，クイズを出したり答えたりする。代表児童が出題して他の児童が答える。 ・グループで，順に児童が出すヒントを聞いてそれが学級の誰かを当てる。 【Activity 3】p.39 ・インタビューする先生ができることやできないことを予想する。 ・誌面に He/She を書き写す。 ○Let's Read and Write ・例を参考に，自分のできることやできないことを書く。 ○Sounds and Letters（ワードサーチ）	発		[「話すこと [発表]」の記録に残す評価] ◎友達について，He/She can 〜. He/She can't 〜. などの表現を用いて，できることやできないことを話している。〈行動観察〉 ・児童が友達のことについてクイズを出し合っている様子を観察し，評価の記録を残す。
7	◆自分や身近な先生のことをよく知ってもらうために，できることやできないことなどについて，自分の考えや気持ちも含めて話すことができる。			
	【Let's Chant】Can you sing well?（オプション：He can run fast. She can sing well.）p.35 ○Small Talk：Who is this? Quiz 【Activity 4】p.39 ・インタビューの結果を整理し，スピーチの準備をする。 ○Let's Read and Write ・例を参考に，紹介する先生のできることやでき			

第3編
事例2

	ないことを書く。 【Activity 5】p.40 ・グループ内でペアの相手を替えながら，インタビュー結果をもとに先生ができることやできないことを，自分のことを含めて話す。 ・アドバイスし合い，改善をして次時のスピーチの準備をする。 【Jingle】Animals Jingle p.39 (p.77) 【STORY TIME】① p.41 ・読み聞かせを聞いて，話の概要を理解する。	発	発	**第8時と合わせて行う** [「話すこと」［発表］の記録に残す評価] ◎自分や身近な先生のことをよく知ってもらうために，できることやできないことなどについて，自分の考えや気持ちなどを含めて話している。〈行動観察〉 ◎自分や身近な先生のことをよく知ってもらうために，できることやできないことなどについて，自分の考えや気持ちなどを含めて話そうとしている。〈行動観察〉 ・児童が自分や先生のことを話している様子を見取り，評価の記録を残す。
	◆自分や先生のことをよく知ってもらうために，できることやできないことなどについて，自分の考えや気持ちを含めて話すことができる。また，アルファベットの文字を活字体で書くことができる。			
8	○Let's Read and Write ・音声について読む（発音する）。 ・例文を参考に，ワークシートに書く。 【STORY TIME】② p.41 ・デジタル教材を視聴して，音声について読む。 ○Sounds and Letters ・アルファベットの文字を見て，その音とその音で始まる動物を言う。 【Let's Chant】Can you sing well?（オプション：He can run fast. She can sing well.）p.35 【Activity 5】p.40 ・インタビュー結果をもとに，先生ができることやできないことを，自分のことを含めて話す。	発	発	**第7時と合わせて行う** [「話すこと」［発表］の記録に残す評価] ◎自分や身近な先生のことをよく知ってもらうために，できることやできないことなどについて，自分の考えや気持ちなどを含めて話している。〈行動観察〉 ◎自分や身近な先生のことをよく知ってもらうために，できることやできないことなどについて，自分の考えや気持ちなどを含めて話そうとしている。〈行動観察〉 ・児童が自分や先生のことを紹介し合っている様子から，評価の記録を残す。第7時で (b) に至っていないと判断した児童を優先して観察し，改善が見られた場合は記録に修正を加える。

4－1 「話すこと［発表］」（「知識・技能」）の評価例（第6時）

評価 場面	Who is he? Who is she? 活動内容：Activity 2 で友達にインタビューしたことをもとに，クイズを出したり答えたりする。デモンストレーションとして教師が出題したのち，代表児童が出題して他の児童が答える。グループで順に児童が出すヒントを聞いてそれが学級の誰かを当てる。
評価 方法	行動観察
事前 の 手立 て	・第4時の Activity 2 を行う段階で，友達にインタビューした結果をもとに，第6時に Who is this? クイズを行うことを告げ，どんなことをクイズのヒントにするかを想定して，インタビューする内容を考えさせておくようにする。
評価 例	┌─────────────────────┐ 児童1～3の発表内容は，すべて男児についてである。 児童1の発表 Hello. Who is this? He can play soccer well. He can run fast. He can't play the piano. Who is he? 児童2の発表 He can run fast. Swim, he can swim. He can…，あれっ？soccer. He can play soccer. He can …, he can't play piano. Who is he? 児童3の発表 He can run fast. He can soccer. He can… can't piano. Who is he? └─────────────────────┘ ・児童1は，第三者ができることやできないことを表す表現を理解し，それらを正しく使って第三者についてできることやできないことを話しているので，「知識・技能」において「十分満足できる」状況（a）と判断した。 ・児童2は，第三者ができることできないことを表す表現をおおむね理解し，第三者についてできることできないことを話しているので，「知識・技能」において「おおむね満足できる」状況（b）と判断した。 ・児童3は，第三者の言い方 he, she について理解しているが，できることやできないことを表す表現を理解していない，またそれらを使って第三者についてできることやできないことを十分に話せていないので，「知識・技能」において「努力を要する」状況（c）と判断した。
事後 指導	・「努力を要する」状況（c）と評価した児童がいた場合は，その後の指導改善や学習改善につながる手立てを継続して行うようにする。例えば，本時の次の活動 Activity 3（インタビューする先生ができることやできないことを予想する活動）において，できることやできないことを表す表現を確認させるようにする。また，第7時の Small Talk においてできることやできないことの表現を何度も聞かせたり，できることやできないことについて，その児童とやり取りをし，表現の仕方を理解させたりする等，助言や支援を行いながら，児童の改善状況を見取るようにする。 ・児童3について，第6時の Who is he? Who is she? において「努力を要する」状況（c）と判断したが，第8時 Activity 5 において，第三者ができることできないことを表す表現を理解し，それらを使って第三者についてできることできないことを話せる等の改善が見られた。そこで，その見取りを「知識・技能」に加味し，「おおむね満足できる」状況（b）と判断して，「記録に残す評価」とし，本単元における「話すこと［発表］」における「知識・技能」において評価の総括を「B」とした。

評価場面	Activity 5 活動内容：第7時では，インタビュー結果をもとに先生ができることやできないことを，グループ内でペアを替えて複数回，自分のことや感想も含めて話す。アドバイスし合い，改善をして次時のスピーチの準備をする。また，第8時の Activity 5 では，相手を見つけてペアになり，スピーチをする。
評価方法	行動観察
事前の手立て	・第7時の Activity 4 で，インタビューの結果を整理し，スピーチの準備をする際には，自分のことや感想も含めて伝えられるように助言する。 ・インタビューの結果を整理するためのワークシートを準備する。
評価例	児童1の発表 Hello, everyone. This is Tanaka *sensei.* She can play the piano. I can play the piano, too. Can you play the piano? She can play the drums. I can't play the drums. I like music. I can cook. I like curry and rice! Thank you. 児童2の発表 Hello. Hori *sensei,* this is Hori *sensei.* He can run fast. ... Nice. I, ... I can't run fast. He can swim. I can't swim. I don't like swim. I don't like sports. Thank you. 児童3の発表（第7時） Hello. Okada *sensei,* Okada *sensei.*（似顔絵を指しながら） She can ... tennis. Nice! Tennis, OK. Good.（テニスをするジェスチャーを付け，ガッツポーズもしながら） She ... can ... swim. I can ... swim. Yes, swim!（OK のマークを手で示しながら） 児童3の発表（第8時） Hello. Okada *sensei,* Okada *sensei.*（似顔絵を指しながら） She can play tennis. I can play tennis, too. I like tennis. Nice! Tennis, OK. Good. （テニスをするジェスチャーを付け，ガッツポーズもしながら） She ... can ... swim. I can swim. Yes, swim!（OK のマークを手で示しながら） ・児童1は，第7時に，自分や第三者のことをよく知ってもらうために，既習語句や表現を使って，先生ができることに関連したこと以外にも，I can cook. I like curry and rice! などを加えて，自分ができることやできないことなどについて話していた。さらに，聞き手に Can you play the piano? と質問をしながら話していた。また，1回目のペアとの紹介では She can play the drums.という紹介が伝わりにくかったため，2回目のペアとは，ジェスチャーも交えて相手に伝わっているかを確認しながら紹介していた。あらかじめ決めていたことだけでなく，自分自身で修正しながら相手に話そうとしており，実際に話しているので，「思考・判断・表現」及び「主体的に学習に取り組む態度」において「十分満足できる」状況（a）と判断した。 ・児童2は，第7時には，自分のことについて話していなかったり，つまりながら紹介している姿が見られたりしたが，グループの友達からのアドバイスを生かして練習したり，第8時の Let's Read and Write では，音声について言った後に自分でも言い直して練習していた。第8時の Activity 5 では，自分や第三者のことをよく知ってもらうために，間違いはあるものの既習の語句や表現を使って，先生ができることと関連して，自分ができることやできないことなどについても話そうとしており，実際に話しているので，「思考・判断・表現」及び「主体的に学習に取り組む態度」において「おおむね満足できる」状況（b）と判断した。 ・児童3は，第7時において，自分や第三者のことをよく知ってもらうために，自分や第三者のできることを何とか伝えようとしているので，「主体的に学習に取り組む態度」において「お

第3編
事例2

おむね満足できる」状況(b)と判断した。しかし，その目的に向けて既習の表現を用いてコミュニケーションを行う目的や場面，状況などに応じて話すことに課題が見られたので，「思考・判断・表現」においては「努力を要する」状況(c)と判断した。そこで，そのあとのスピーチの準備をする際や，第8時の Let's Read and Write や Let's Chant で，児童3に Can you ～?と尋ね，その答えに応じて，指導者が I can ～. I can't ～. と自分のことを加えて言ったり，I can play the piano. I can play soccer. の表現を何度も聞かせたりした。第8時 Activity 5において，改善が見られたので，「思考・判断・表現」において「おおむね満足できる」状況(b)と判断した。

事後指導	・「努力を要する」状況（c）と評価した児童がいた場合は，その後の指導改善や，学習改善につながる手立てを継続して行うようにする。例えば，児童のつまずきに応じて助言や支援を行ったり，次時の発表までの練習機会を設けたりしながら，児童の改善状況を見取るようにする。また，第8時の Activity 5で行動観察し，継続的に評価を行って記録に残すようにする。 ・「話すこと［発表］」の評価については，第4・6・7・8時で評価する計画であるが，記録に残す評価を行うタイミングによって個別の状況に差が出ることが考えられ，児童全員を見取ることが難しい場合もある。そこで授業中の見取りに加え，学期に1回程度のパフォーマンス評価において，総括的な評価を行うことも考えられる。

4－3　本単元における「話すこと［発表］」における評価の総括

評価観点	知識・技能				思考・判断・表現		主体的に学習に取り組む態度	
評価場面	第4時 ACT2	第6時 Who is he? Who is she?	(第8時 ACT 5)		第7・8時 ACT 5		第7・8時 ACT 5	
評価方法	行動観察 テキスト記述分析	行動観察	行動観察	本単元における評価	行動観察	本単元における評価	行動観察	本単元における評価
評価規準	あることができるかどうかについて尋ねたり答えたりしている。	友達について，He/She can ～. He/She can't ～.などの表現を用いて，できることやできないことを話している。	友達について，He/She can ～. He/She can't ～.などの表現を用いて，できることやできないことを話している。		自分や身近な先生のことをよく知ってもらうために，できることやできないことなどについて，自分の考えや気持ちなども含めて話している。		自分や身近な先生のことをよく知ってもらうために，できることやできないことなどについて，自分の考えや気持ちなども含めて話そうとしている。	
児童1	b	a	-	**A**	a	**A**	a	**A**
児童2	b	b	-	**B**	b	**B**	b	**B**
児童3	c	c	(b)	**B**	c → b	**B**	b	**B**

※Activity 5については，第7時はグループ内での活動，第8時は全体での活動を行う。
※児童3の「知識・技能」にかかわる評価の総括について
第4・6時で「努力を要する」状況（c）と判断したが，第8時で「おおむね満足できる」状況(b)と判断した。評価の総括では，c, c, b であることから，「C」と判断することも考えられるが，本事例では，評価の総括を「B」とした。第4時の活動よりも第8時の活動では，使用する言語材料が増えている中，第4時の目標である，自分のことについてもできることを話している姿が見られたことからである。

単元名	関係する領域別目標
We Can! 2 Unit 1 「This is ME!」 （第6学年）	「聞くこと」 イ　ゆっくりはっきりと話されれば，日常生活に関する身近で簡単な事柄について，具体的な情報を聞き取ることができるようにする。 「話すこと［発表］」 イ　自分のことについて，伝えようとする内容を整理した上で，簡単な語句や基本的な表現を用いて話すことができるようにする。 「書くこと」 イ　自分のことや身近で簡単な事柄について，例文を参考に，音声で十分に慣れ親しんだ簡単な語句や基本的な表現を用いて書くことができるようにする。
単元名	関係する領域別目標
We Can! 2 Unit 2 「Welcome to Japan.」 （第6学年）	「聞くこと」 ウ　ゆっくりはっきりと話されれば，日常生活に関する身近で簡単な事柄について，短い話の概要を捉えることができるようにする。 「話すこと［発表］」 ウ　身近で簡単な事柄について，伝えようとする内容を整理した上で，自分の考えや気持ちなどを，簡単な語句や基本的な表現を用いて話すことができるようにする。 「書くこと」 イ　自分のことや身近で簡単な事柄について，例文を参考に，音声で十分に慣れ親しんだ簡単な語句や基本的な表現を用いて書くことができるようにする。

第3編
事例3

　本事例では，「主体的に学習に取り組む態度」を2つの単元を通して見取る。1つ目の単元（Unit 1）では，「主体的に学習に取り組む態度」について，記録に残す評価の場面を設定していない。2つ目の単元（Unit 2）では，「話すこと［発表］」及び「書くこと」の活動における行動観察等から，記録に残す評価の場面を設定している。2つの単元を通した「主体的に学習に取り組む態度」の評価を行うに当たって，Unit 2における評価の場面における児童の姿に加え，その姿とUnit 1の活動の中で見られた児童の姿や「振り返りシート」の記述，Unit 2の最後に記述させた「振り返りシート」の記述とを組み合わせて総合的に勘案し，Unit 1とUnit 2における「主体的に学習に取り組む態度」についての評価をまとめて記載している。

Unit 1　「This is ME!」
1　単元の目標
　自分のことをよく分かってもらったり相手のことをよく分かったりするために，好きなものやこと，できることなど，自己紹介に関することについて具体的な情報を聞き取ったり，伝えようとする内容を整理した上で，話したりすることができる。また，自己紹介に関することについて，例文を参考に，音声で十分に慣れ親しんだ語句や表現を用いて書くことができる。
※本単元における「聞くこと」については，目標に向けて指導は行うが，記録に残す評価は行わない。

2　単元の評価規準

	知識・技能	思考・判断・表現	主体的に学習に取り組む態度
話すこと［発表］	＜知識＞ 自己紹介に関する語句や，I (don't) like ～. I can/can't ～. My birthday is ～. I'm ～. の表現について理解している。 ＜技能＞ 好きなものやこと，できることなど，自己紹介に関することについて，話す技能を身に付けている。	自分のことをよく分かってもらうために，好きなものやこと，できることなど，自己紹介に関することについて，話している。	本単元の評価規準は，「自分のことをよく分かってもらうために，好きなものやこと，できることなど，自己紹介に関することについて，話そうとしている。」となるが，次単元と合わせて，記録に残す評価を行う。
書くこと	＜知識＞ 自己紹介に関する語句や，I (don't) like ～. I can/can't ～. My birthday is ～. I'm ～. の表現について理解している。 ＜技能＞ 好きなものやこと，できることなど，自己紹介に関することについて，書く技能を身に付けている。	自分のことをよく分かってもらうために，好きなものやこと，できることなど，自己紹介に関することについて，音声で十分に慣れ親しんだ語句や表現を用いて書いている。	本単元の評価規準は，「自分のことをよく分かってもらうために，好きなものやこと，できることなど，自己紹介に関することについて，音声で十分に慣れ親しんだ語句や表現を用いて書こうとしている。」となるが，次単元と合わせて，記録に残す評価を行う。

3　「話すこと［発表］」・「書くこと」に焦点をおいた指導と評価の計画（8時間）

時	目標◆・活動○【】	評価			
		知技	思判表	態度	評価規準〈評価方法〉
1	◆好きな動物などについて，聞いたり言ったりできる。 【Let's Listen 1】p.4 【Let's Watch and Think】p.2, 3 【Let's Play 1】p.4 【Let's Watch and Think】p.2, 3 【Let's Talk】p.6 【Let's Read and Write】① p.8 書く文例：I like (cats). ○振り返り ・本時の活動を振り返り，振り返りシートに書く。				本時では，記録に残す評価は行わないが，目標に向けて指導を行う。児童の学習状況を記録に残さない活動や時間においても，教師が児童の学習状況を確認する。 ※活動の詳細については，文部科学省 HP に掲載している We Can! 2 Unit 1, 2 単元計画，指導案を参照のこと。 ※「振り返りシート」については，「小学校外国語活動・外国語　研修ガイドブック」（2017 年文部科学省）を参照のこと。
2	◆自己紹介を聞き取ったり，好きなスポーツを含めて自分のことを話したりできる。 【Let's Watch and Think】p.2, 3 【Let's Play 1】p.4 【Let's Watch and Think】p.2, 3 【Let's Talk】p.6 【Let's Read and Write】② p.8 書く文例：I like (soccer). ○振り返り ・本時の活動を振り返り，振り返りシートに書く。				本時では，記録に残す評価は行わないが，目標に向けて指導を行う。児童の学習状況を記録に残さない活動や時間においても，教師が児童の学習状況を確認する。
3	◆自己紹介を聞き取ったり，好きな教科を含めて自分のことを話したりできる。 ○Small Talk				

	【Let's Watch and Think】p.2, 3 ○Let's Chant 【Let's Play 1】p.4 【Let's Watch and Think】p.2, 3 【Let's Talk】p.6 【Let's Read and Write】③ p.8 書く文例：I like (P.E.). ○振り返り ・本時の活動を振り返り，振り返りシートに書く。			本時では，記録に残す評価は行わないが，目標に向けて指導を行う。児童の学習状況を記録に残さない活動や時間においても，教師が児童の学習状況を確認する。
4	◆自己紹介を聞き取ったり，誕生日を含めて自分のことを話したりできる。			
	【Let's Watch and Think】p.2, 3 【Let's Play 2】Pointing Game p.5 ○Let's Chant 【Let's Listen 2】p.5 【Let's Watch and Think】p.2, 3 【Let's Talk】p.6 ○Sounds and Letters（b） 【Let's Read and Write】④ p.8 書く文例：My birthday is (May 16th). ○振り返り ・本時の活動を振り返り，振り返りシートに書く。			本時では，記録に残す評価は行わないが，目標に向けて指導を行う。児童の学習状況を記録に残さない活動や時間においても，教師が児童の学習状況を確認する。
5	◆自分のことをよく分かってもらったり相手のことをよく分かったりするために，自己紹介を聞き取ったり，好きなものやことなどについて，伝えようとする内容を整理した上で，話したりできる。			
	○Small Talk 【Let's Play 3】p.6 ○Let's Chant ┌─────────────────────────┐ │【Let's Talk】p.6 │・ペアになり，好きなスポーツ，動物，教 │ 科，季節，食べ物や誕生日などを話す。 └─────────────────────────┘ 【Let's Watch and Think】p.2, 3 【Let's Read and Write】⑤ p.8 書く文例：I like (summer). ○振り返り ・本時の活動を振り返り，振り返りシートに書く。	発	発	┌─────────────────────────┐ │ 「話すこと［発表］」の記録に残す評価 │◎好きなものやことなどについて，I (don't) like ～. My birthday is ～. I'm ～. などを用いて話している。〈行動観察〉 │◎自分のことをよく分かってもらうために，好きなものやことなどについて，話している。〈行動観察〉 │・児童が話している様子を見取り，評価の記録を残す。 └─────────────────────────┘
6	◆自分のできることなどを含めて自分のことを話すことができる。			
	【Let's Watch and Think】p.2, 3 【Let's Play 4】Pointing Game p.7 ○Let's Chant 【Let's Talk】p.6 ○Sounds and Letters（c） 【Let's Read and Write】⑥ p.8 書く文例：I can (cook). ○振り返り ・本時の活動を振り返り，振り返りシートに書く。			本時では，記録に残す評価は行わないが，目標に向けて指導を行う。児童の学習状況を記録に残さない活動や時間においても，教師が児童の学習状況を確認する。
7	◆自分のことをよく分かってもらうために，好きなものやこと，できることなど，自己紹介に関することについて，例文を参考に，音声で十分に慣れ親しんだ語句や表現を用いて書いたり，それをもとに話すことができたりする。			
	○Small Talk：好きな季節とその理由 【Let's Listen 3】p.7 【Let's Read and Write】⑦ p.8			本時では，「話すこと［発表］」については，記録に残す評価は行わないが，目標に向けて指導を行う。児童の学習状況を記録に残さない活動や時間においても，教師が児童の学習状況を確認する。

		【Activity】p.8 ・例文を聞いて，後に続いて読む。 ・ワークシートや Activity の例文を参考に自己紹介文を書く。 ・ペアで自己紹介し合う。 ○振り返り ・本時の活動を振り返り，振り返りシートに書く。	書	書	**[「書くこと」の記録に残す評価]** ◎好きなものやこと，できることなど，自己紹介に関することについて，音声で十分に慣れ親しんだ語句や表現を用いて書いている。〈行動観察・ワークシート記述分析〉 ◎自分のことをよく分かってもらうために，好きなものやこと，できることなど，自己紹介に関することについて，音声で十分に慣れ親しんだ語句や表現を用いて書いている。〈行動観察・ワークシート記述分析〉 ・児童が書いたワークシートの記述を分析し，評価の記録を残す。 ※「主体的に学習に取り組む態度」については，次単元と合わせて「記録に残す評価」を行う。
8	◆自分のことをよく分かってもらうために，好きなものやこと，できることなど，自己紹介に関することについて，伝えようとする内容を整理した上で，話すことができる。			
	【Activity】p.8 ・自己紹介を個人やペアで練習する。 ・グループ内で発表し合う。 ・聞き手は，分かったことをワークシートの空欄に書き込む。 ○自己紹介の感想を書く。 【STORY TIME】p.9 ○振り返り ・本時の活動を振り返り，振り返りシートに書く。	発	発	**[「話すこと [発表]」の記録に残す評価]** ◎自己紹介に関する語句や，I (don't) like 〜. I can/can't 〜. My birthday is 〜. I'm 〜. などを用いて話している。〈行動観察〉 ◎自分のことをよく分かってもらうために，好きなものやこと，できることなど，自己紹介に関することについて，話している。〈行動観察〉 ・児童が自分のことを話している様子を見取り，評価の記録を残す。 ※「主体的に学習に取り組む態度」については，次単元と合わせて「記録に残す評価」を行う。

第3編
事例3

4−1 「話すこと [発表]」（「知識・技能」「思考・判断・表現」）の評価例（第8時）

評価場面	Activity 活動内容：自分のことをよく分かってもらうために，相手を替えて複数回，好きなスポーツ，動物，教科，季節，食べ物や誕生日，できることなどを含めて，自己紹介をする。
評価方法	行動観察
評価例	児童1の発表 Hello. My name is ○○. I like baseball. Do you like baseball? Baseball is fun. I can swim well. I like sports. I like cats. I have a brown cat. She is cute. My birthday is April 2nd. When is your birthday? Thank you. 児童2の発表 Hello. My name is ○○. I like P.E. Do you like P.E? I like cat. Do you like cat? I can soccer. Thank you. ・児童1は，I like 〜. や Do you like 〜?などの既習表現を正しく用いて，自分の考えや気持ちを話している。また，自分の好きなものやことをよりよく伝えるために，話す順番を工夫したり，自ら相手に問いかけたり，情報を付加したりしながら発表をしているので，「知識・技能」及び「思考・判断・表現」において「十分満足できる」状況（a）と判断した。 ・児童2は，I like 〜. や Do you like 〜? などの既習表現をおおむね正しく用いて，自分の考えや気持ちを話しているので，「知識・技能」において「おおむね満足できる」状況(b)と判断した。また，「思考・判断・表現」においても，自分について，よりよく伝えるようという

	観点から，聞き手に問いかけたり，既習語句や表現を使ったりして自分の考えや気持ちをおおむね伝えているので，「おおむね満足できる」状況（b）と判断した。
事後指導	・第5時において「努力を要する」状況（c）と評価した児童がいた場合は，指導改善や学習改善につながる手立てを講じたうえで，第6・7時においても継続的に評価を行い，「おおむね満足できる」状況（b）となるよう助言や指導を行う。 ・「話すこと［発表］」の評価については，第5・8時で評価する計画であるが，記録に残す評価を行うタイミングによって個別の状況に差が出ることが考えられ，児童全員を見取ることが難しい場合もある。そこで授業中の見取りに加え，学期に1回程度のパフォーマンス評価において，総括的な評価を行うことも考えられる。 ・いずれの児童についても，I like cat.など，複数形のsが抜けていたりするが，これらは「文法事項」と捉え，評価の対象とはしていない。ただし，指導者は，児童のこのような誤りをそのままにするのではなく，You like cats. I like cats, too. などと正しい形で繰り返し，児童がその違いに気付けるよう指導を行う。

4-2　「書くこと」（「知識・技能」「思考・判断・表現」）の評価例（第7時）

評価場面	Activity 活動内容：前時までの Let's Read and Write で書きためてきたもの等を参考に，ワークシートに自己紹介文を書く。
評価方法	行動観察，ワークシート記述分析
評価例	 児童1のワークシート　　児童2のワークシート　　児童3のワークシート ・児童3は，自分の好きなものやこと，できること等を表す語句や表現を，文字と文字，語と語の間隔に適切なスペースをおき，すべて正しく書いているので，「知識・技能」において「十分満足できる」状況（a）と判断した。また，前時までに書いたワークシートには，自分ができることとして書きたかった，I can play baseball.が記されていなかったため，run fast を書いていた。自己紹介の文を改めて書く際に，よりよく自分のことを分かってもらうために，教師が板書に掲示していた絵カードの文字を参考に I can play baseball. に書き換え，まとまりのある文となるよう文の順も入れ替えたり，文字と文字，語と語の間隔に適切なスペースをおいたりして，適切に書いたりしていることから，「思考・判断・表現」においても「十分満足できる」状況（a）と判断した。 ・児童2は，自分の好きなものやこと，できること等を表す語句や表現を，文字と文字，語と語の間隔に適切なスペースをおき，すべて正しく書いているので，「知識・技能」において「十分満足できる」状況（a）と判断した。しかしながら，記載した内容に偏りがあり，読み手によりよく自分のことを分かってもらうためにという観点からは，十分ではないので，「おおむね満足できる」状況（b）と判断した。 ・児童1は，好きなものやこと，誕生日，できることを表す語句や表現のほとんどが，文字と文字，語と語の間隔が適切ではなく，正しく書けていない。また，読み手によりよく自分のことを分かってもらうという観点から，書かれた語句や表現のほとんどが，文字と文字，語と語との間隔が適切ではないので，「知識・技能」及び「思考・判断・表現」において，ともに「努力を要する」状況（c）と判断した。

事後指導	・上記評価項目に満たず,「努力を要する」状況（c）と判断した児童がいた場合は，例えば，対象児童に好きなものやこと等を尋ね，それに合った語句や表現を一緒に選び，書き写せるよう個別支援を行うなどし，次時の発表につなげる。文字と文字をつめて書いたり，語と語の間隔に適切なスペースをおいたりすることについては，次の単元以降も，継続した指導や支援を行い，改善状況を見取りつつ，「おおむね満足できる」状況（b）を達成できるようにする。 ・本時で,「十分満足できる」状況(a)と判断した児童の作品については，よい例として示すなどして学級全体で共有し，今後の学習につなげる。	

Unit 2 　「Welcome to Japan.」

1　単元の目標

　日本文化についてよく知ったり相手に日本文化についてよく知ってもらったりするために，日本の行事や食べ物などについての短い話を聞いて概要を捉えたり，自分が好きな日本文化などについて，伝えようとする内容を整理した上で，話したりすることができる。また，自分が好きな日本文化などについて，例文を参考に，音声で十分に慣れ親しんだ語句や表現を用いて書くことができる。

※本単元における「聞くこと」については，目標に向けて指導は行うが，記録に残す評価は行わない。

2　単元の評価規準

	知識・技能	思考・判断・表現	主体的に学習に取り組む態度
話すこと［発表］	＜知識＞ 日本の行事や食べ物,日本文化等に関する語句，We have 〜. It's 〜. You can enjoy 〜. の表現について理解している。 ＜技能＞ 日本の行事や食べ物,自分の好きな日本文化などについて,日本の行事や食べ物,日本文化等に関する語句，We have 〜. It's 〜. You can enjoy 〜. などを用いて,考えや気持ちなどを話す技能を身に付けている。	相手によりよく分かってもらえるように,日本の行事や食べ物,自分の好きな日本文化などについて,考えや気持ちなどを話している。	相手によりよく分かってもらえるように,日本の行事や食べ物,自分の好きな日本文化などについて,考えや気持ちなどを話そうとしている。
書くこと	＜知識＞ 日本の行事や食べ物,日本文化等に関する語句，We have 〜. It's 〜. You can enjoy 〜. の表現について理解している。 ＜技能＞ 日本の行事や食べ物,自分の好きな日本文化などについて,日本の行事や食べ物,日本文化等に関する語句，We have 〜. It's 〜. You can enjoy 〜. を用いて,考えや気持ちなどを書く技能を身に付けている。	相手によりよく分かってもらえるように,日本の行事や食べ物,自分の好きな日本文化などについて,音声で十分に慣れ親しんだ語句や表現を用いて,考えや気持ちなどを書いている。	相手によりよく分かってもらえるように,日本の行事や食べ物,自分の好きな日本文化などについて,音声で十分に慣れ親しんだ語句や表現を用いて,考えや気持ちなどを書こうとしている。

3 「話すこと[発表]」・「書くこと」に焦点をおいた単元の指導と評価の計画（8時間）

時	目標◆・活動○【】	評価			評価規準〈評価方法〉
		知技	思判表	態度	
1	◆それぞれの行事でどんなことが楽しめるかを聞いたり言ったりすることができる。 ○Small Talk 【Let's Watch and Think 1】p.12 ○Three-Hint Quiz ○ポインティング・ゲーム ○季節に楽しめることを言おう。 【Let's Read and Write】p.16　書く文：You can enjoy (*hanami*) in (spring). ○振り返り ・本時の活動を振り返り，振り返りシートに書く。				本時では，記録に残す評価は行わないが，目標に向けて指導を行う。児童の学習状況を記録に残さない活動や時間においても，教師が児童の学習状況を確認する。
2	◆日本の行事について，まとまりのある話を聞いて，その概要を捉えたり，行われる季節とそれがどのような季節かについて言ったりすることができる。 【Let's Play 1】Three-Hint Quiz p.10,11 【Let's Play 2】Key-Word Game p.10,11 【Let's Watch and Think 1】p.12 【Let's Listen 1】p.12 【Let's Chant】Welcome to Japan. p.13 【Let's Read and Write】p.16　書く文：We have (snow festivals). ○Sounds and Letters（d） ○振り返り ・本時の活動を振り返り，振り返りシートに書く。				本時では，記録に残す評価は行わないが，目標に向けて指導を行う。児童の学習状況を記録に残さない活動や時間においても，教師が児童の学習状況を確認する。
3	◆食べ物とその味覚などについて，まとまりのある話を聞いて，その概要を捉えたり，言ったりすることができる。 ○Small Talk：好きな日本の行事とその理由 【Let's Watch and Think 2】p.13 【Let's Chant】Welcome to Japan. p.13 ○マッチング・ゲーム 【Let's Listen 2】p.13 【Let's Read and Write】p.16　書く文：We have (*sushi*). ○振り返り ・本時の活動を振り返り，振り返りシートに書く。				本時では，記録に残す評価は行わないが，目標に向けて指導を行う。児童の学習状況を記録に残さない活動や時間においても，教師が児童の学習状況を確認する。
4	◆日本の食べ物について，その味覚やその食べ物に関して言うことができる。 【Let's Chant】Welcome to Japan. p.13 【Let's Watch and Think 3】p.14 ○マッチング・ゲーム 【Let's Read and Write】p.16　書く文：It's (delicious). ○Sounds and Letters（f） ○振り返り ・本時の活動を振り返り，振り返りシートに書く。				本時では，記録に残す評価は行わないが，目標に向けて指導を行う。児童の学習状況を記録に残さない活動や時間においても，教師が児童の学習状況を確認する。
5	◆好きな日本の遊びについて話すことができる。 【Let's Chant】Welcome to Japan. p.13 【Let's Watch and Think 4】p.14 ○Let's Talk ・好きな日本の遊びについてペアで話す。 【Let's Read and Write】p.16　書く文：We have (*shogi*). ○振り返り ・本時の活動を振り返り，振り返りシートに書く。				本時では，記録に残す評価は行わないが，目標に向けて指導を行う。児童の学習状況を記録に残さない活動や時間においても，教師が児童の学習状況を確認する。
6	◆好きな日本の食べ物について話すことができる。 【Let's Chant】Welcome to Japan. p.13 【Let's Watch and Think 5】p.15 ○Let's Talk 【Let's Read and Write】p.16　書く文：We have (*kabuki*).				本時では，記録に残す評価は行わないが，目標に向けて指導を行う。児童の学習状況を記録に残さない活動や時間においても，教師が児童の学習状況を確認する。

	○Sounds and Letters (g) ○振り返り ・本時の活動を振り返り，振り返りシートに書く。			
	◆相手によりよく分かってもらえるように，日本の行事や食べ物，自分の好きな日本文化について，例文を参考に，その名称や特徴などを表す語句を書くことができる。			
7	○Small Talk 【Let's Watch and Think 6】p.15 【Activity】p.16 ・ペアになり，何を紹介するのかを考える。児童用テキストやワークシートなどにある今まで学習した語句や表現を参考に，ポスターを作成する。その際，ポスターに発表原稿を記すのではなく，ポスターである性質を考え，作成する。 ・ポスターを使いながら日本を紹介する発表練習をする。 ○振り返り ・本時の活動を振り返り，振り返りシートに書く。	書	書	[「書くこと」の記録に残す評価] ◎相手によりよく分かってもらえるように，日本の行事や食べ物など，紹介したい日本文化について，その名称や特徴などを表す語句を書いている。〈行動観察・ポスター記述分析〉 ・児童が書く様子やポスターの記述を分析し，評価の記録を残す。
8	◆相手によりよく分かってもらえるように，日本の行事や食べ物，自分の好きな日本文化について，考えや気持ちなどを話したり，例文を参考に，音声で十分に慣れ親しんだ語句や表現を用いて，考えや気持ちなどを書いたりすることができる。			
	【Activity】p.16 ・作成したポスターを使い，日本紹介を行う。	発 発 発		[「話すこと [発表]」の記録に残す評価] ◎日本の行事や食べ物，自分の好きな日本文化などについて，日本の行事や食べ物，文化等に関する語句，We have ～. It's ～. You can enjoy ～. などを用いて，考えや気持ちなどを話している。〈行動観察〉 ◎相手によりよく分かってもらえるように，日本の行事や食べ物，自分の好きな日本文化などについて，考えや気持ちなどを話している。〈行動観察〉
	○Let's Write ・これまで書きためてきたワークシートやポスターを参考に，前活動で日本について紹介したことを新しいワークシート（または日本紹介ガイドブック用用紙）に書く。 【STORY TIME】p.17（ライム） ○振り返り ・本時の活動を振り返り，振り返りシートに書く。	書		[「書くこと」の記録に残す評価] ◎日本の行事や食べ物，自分の好きな日本文化などについて，日本の行事や食べ物，日本文化等に関する語句，We have ～. It's ～. You can enjoy ～. を用いて，考えや気持ちなどを書いている。〈行動観察・ワークシート記述分析〉 ・児童が書く様子やワークシートの記述分析から，評価の記録を残す。

「話すこと［発表］」「書くこと」における「主体的に学習に取り組む態度」の記録に残す評価

領域	記録に残す評価場面	評価規準
話すこと［発表］	Unit 1・Unit 2 Activity	◎相手によりよく分かってもらえるように，日本の行事や食べ物，自分の好きな日本文化などについて，考えや気持ちなどを話そうとしている。〈行動観察〉 ・Unit 1での様子も含めて，児童が指導者や友達と話す様子を観察し，評価の記録を残す。
書くこと	Unit 1・Unit 2 Activity	◎相手によりよく分かってもらえるように，日本の行事や食べ物，自分の好きな日本文化などについて，音声で十分に慣れ親しんだ語句や表現を用いて，考えや気持ちなどを書こうとしている。〈行動観察・ワークシート記述分析〉 ・Unit 1での様子も含めて，児童が書く様子を観察したり，ワークシートの記述内容を分析したりして，評価の記録を残す。

4－1　「話すこと［発表］」（「主体的に学習に取り組む態度」）の評価例

評価場面	Unit 1とUnit 2を通した2単元全体
評価方法	行動観察
評価規準	相手によりよく分かってもらえるように，日本の行事や食べ物，自分の好きな日本文化などについて，考えや気持ちなどを話そうとしている。
評価例	・児童1は，Unit 1第1時のLet's Watch and Thinkの内容について，教師からの質問に答えたりやり取りをしたりすることがうまくできず，次の活動のLet's Talkの一回目のペア活動ではうまく話せない様子だったが，二回目の活動の前に教師がゆっくりと話した英語をモデルとして，My name is Kota. I like cats.と相手に伝えることができていた。第2時以降のLet's Talkでは，周りの友達や教師の支援を得ながら理解したLet's Watch and Thinkの内容を参考にしながら，好きなスポーツや誕生日などについて話すことができるようになってきた。また，振り返りシートに，「最初は自分のことを話すのがとても難しかったけど，先生がゆっくりと話してくれて，音声を何度も聞かせてくれたので，少しずつ話せるようになってきたと思う。先生や英語のうまい伊藤さんの話していることも参考にしたい。」という記述も見られた。 Unit 2第8時では，第7時に作ったポスターを見せながら，Do you like snow? We have snow festival in Hokkaido. You can see beautiful snow. You can eat delicious seafood, too.と話していた。また，振り返りシートに，「紹介するのは難しかったが，楽しそうに聞いてくれたのでよかった。雪祭りについて調べたので，サイモン先生からの質問にも答えられた。次は，すき焼きなどのおいしい和食についても紹介してみたいと思う。」という記述があった。したがって，児童1は，Unit 1とUnit 2を通して自ら学習の目標をもち，試行錯誤しながら学習を進め，次の新たな学習につなげるといった，学習に関する自己調整を行いながら，粘り強く知識及び技能を獲得したり思考，判断，表現しようとしたりしていると見て，「主体的に学習に取り組む態度」において「十分に満足できる」状況（A）と判断した。 ・児童2は，Unit 1第1時～第4時のLet's Talkでは，My name is ～.と，自分の名前を言うことはできたが，その後の好きな動物やスポーツについて話すことができない様子が見られた。第5時のLet's Talkにおいても，ペアで質問したり答えたりすることがうまくできていなかった。そこでALTから個別に教わる機会を設け，ALTの話す英語を何度も繰り返し言いながら練習したところ，少しずつ言えるようになり，第8時には，ALTの支援を得ながらではあるが，好きな動物やできること，誕生日などを話すことができた。振り返りシートに「最初は何をどう言えばいいのか分からなくてイライラしていたけど，サイモン先生がゆっくりと話してくれてたくさん練習してくれたので，楽しくなってきた。まだ難しいと思うこともあるけど，がんばりたい。」という記述が見られた。 Unit 2第8時では，第7時に作ったポスターを見せながら，Do you like *sumo*? We have a *sumo* stadium in Tokyo. You can see *sumo* wrestlers. They are very big.と，ALTの支援を得ながら話すことができた。振り返りシートに，「英語で紹介するのは難しかった。自己紹介の時にサイモン先生とすもうについて話したことを覚えていて，少し話すことができた。サイモン先生がほめてくれたのでうれ

第3編
事例3

	しかった。次は，何とか自分一人で話せるようになりたい。」という記述があった。したがって，児童2は，Unit 1 と Unit 2 を通して自分の課題を認識し，支援を要する状態ではあるが徐々に改善をしながら，次の新たな学習につなげることができていたと見て，「主体的に学習に取り組む態度」において「おおむね満足できる」状況（B）と判断した。
事後指導	・上記評価項目に満たず，「努力を要する」状況（C）と判断した児童がいた場合は，例えば，本単元以降，対象児童に該当単元で扱う題材について，そこで扱う語句や表現を用いてやり取りをする等して，聞いたり話したりする活動を十分に行うとともに，励ましたり，よいところを見つけて称賛したり，また「評価例」の児童1のように粘り強さと自己調整が見られる「振り返りシート」の記載を紹介したりするなどして，よい例を示すようにして改善状況を見取りつつ，「おおむね満足できる」状況（B）を達成できるようにする。

4－2　本単元における「話すこと［発表］」の「知識・技能」「思考・判断・表現」における評価の総括及び，前単元・本単元における「話すこと［発表］」の「主体的に学習に取り組む態度」における評価の総括

評価観点	知識・技能		思考・判断・表現		主体的に学習に取り組む態度	
評価場面	第8時　ACT	本単元における評価	第8時　ACT	本単元における評価	Unit 1 ・Unit 2	前単元・本単元における評価
評価方法	行動観察		行動観察		行動観察・振り返りシート分析	
評価規準	日本の行事や食べ物，自分の好きな日本文化などについて，日本の行事や食べ物，日本文化等に関する語句，We have 〜．It's 〜．You can enjoy 〜．などを用いて，考えや気持ちなどを話している。		相手によりよく分かってもらえるように，日本の行事や食べ物，自分の好きな日本文化などについて，考えや気持ちなどを話している。		相手によりよく分かってもらえるように，日本の行事や食べ物，自分の好きな日本文化などについて，考えや気持ちなどを話そうとしている。	
児童1	b	B	b	B		A
児童2	b	B	b	B		B
児童3	a	A	a	A		A

4－3　「書くこと」（「主体的に学習に取り組む態度」）の評価例

評価場面	Unit 1 と Unit 2 を通した2単元全体
評価方法	行動観察，ワークシートや作成物の記述分析
評価規準	相手によりよく分かってもらえるように，日本の行事や食べ物，自分の好きな日本文化などについて，音声で十分に慣れ親しんだ語句や表現を用いて，自分の考えや気持ちなどを書こうとしている。
評価例	・児童3は，Unit 1 第1時の Let's Read and Write では，ワークシートに記された例文 I like cats. を参考に，シートに記された I like に続けて，シートの下にあるイラストとともにある語群から dogs を選んで，四線に dogs と書こうとしていたが，文字と文字の間隔がつかめず，正確に書くことができない様子だった。しかし，第2時以降の Let's Read and Write では，近くの児童や教師の支援を得ながら，徐々に要領をつかみ，正確に書くことができるようになってきた。また，振り返りシートに，「最初は書くのがとても難しかったけど，自分と同じで，冬が好きな友達に教えてもらったら書けるようになった。次の時間からは自分で書けるように，家で姉に聞きながら勉強しようと思う。」という記述も見られるようになった。

さらに，Unit 2　第7時では，第1時から第6時までに書いていた英文を生かし，ワークシートに書いてある We have snow festival.という例文をもとに，ポスターに"Snow Festival! Obihiro Park! Beautiful Snow!! Delicious Food!!!"と書いていた。また，振り返りシートに，「サイモン先生に日本文化をうまく紹介することは難しかったが，楽しそうに聞いてくれたのでよかった。これまでに雪祭りについてしっかり調べたので，質問にも答えられた。分からないところは，家で姉に教えてもらったけど自分で何とか書くことができた。次は，おいしい和食についてのポスターも作ってみたいと思う。」という記述があった。こうしたことを踏まえ，児童3は，Unit 1 と Unit 2 を通して自ら学習の目標をもち，試行錯誤しながら学習を進め，次の新たな学習につなげるといった，学習に関する自己調整を行いながら，粘り強く知識及び技能を獲得したり思考，判断，表現しようとしたりしていると見て，「主体的に学習に取り組む態度」において「十分に満足できる」状況（A）と判断した。

・児童2は，Unit 1 第1時の Let's Read and Write では，ワークシートに記された例文 I like cats. を参考に，シートに記された I like に続けて，シートの下にあるイラストとともにある語群から rabbits を選んで，四線に書いていたが，文字と文字，語と語との間隔が適切ではなく，正確に書くことができない様子だった。しかし，第2時以降の Let's Read and Write では，だんだんと四線に文字と文字，語と語との間隔を適切にとり，正確に書けるようになっていく姿が見られた。また，振り返りシートに「シートにあることばを見て書くのはむずかしかったけど，書けるようになってきたのでよかった。」と記述していた。一方，Unit 2　第7時では，Unit 1 の時と同様のやり方で，We have *sushi*. It's delicious.という例文を参考に，ポスターに"Sushi! Delicious! Nice! Good!"と書き，自分の好きな日本文化についてその特徴が相手に伝わるようにポスターを作成していた。また，振り返りシートに，「サイモン先生にすしのことを紹介したら，サイモン先生も好きだと言ってくれてうれしかった。書くことは，はじめは難しかったけど，先生に教えてもらったとおり，シートに書かれていることばを四線のそばにおいて書いたら，うまく書けるようになってうれしい。」と記述していた。これらのことから，児童2は，Unit 1 と Unit 2 を通して十分に粘り強く知識及び技能を獲得したり思考，判断，表現したりしようとしており，また，Unit 2 では，教師のアドバイスを受けて，自分で書いている様子が見られるようになり，学習に関する自己調整を行っていることから，「主体的に学習に取り組む態度」において「おおむね満足できる」状況（B）と判断した。

事後指導	・上記評価項目に満たず，「努力を要する」状況（C）と判断した児童がいた場合は，例えば，本単元以降，対象児童に該当単元で扱う題材について，そこで扱う語句や表現を用いてやり取りをする等して，聞いたり話したりする活動を十分に行う。その上で，それらの語句や表現を書き写させたり，自分に合う語句を選んで書かせたりすることを通して，相手に読んで分かってもらえるように書くことを意識させながら文字と文字をつめて書いたり，語と語の間隔に適切なスペースをおいたりすることについては，継続した指導や支援を行い，改善状況を見取りつつ，「おおむね満足できる」状況（B）を達成できるようにする。 ・代表児童がポスターを見せながら自己紹介をさせる機会をもち，語の書き方や内容の面から，どのようなポスターであれば自分のことや，日本の行事，食べ物，自分の好きな日本文化について，相手によりよく分かってもらえるかを評価し，その後の表現活動に生かせるようにする。 ・ALT 等の外国人に実際に見てもらい，どの紹介ポスターが，どのような理由でよかったかについて意見をもらい，次の指導や児童の学習活動に生かすようにする。

4-4　本単元における**「書くこと」**「知識・技能」「思考・判断・表現」における評価の総括及び，前単元・本単元における**「書くこと」**「主体的に学習に取り組む態度」における評価の総括

評価観点	知識・技能		思考・判断・表現		主体的に学習に取り組む態度	
評価場面	第8時　LW	本単元における評価	第7時　ACT	本単元における評価	Unit 1 ・Unit 2	前単元・本単元における評価
評価方法	行動観察・ワークシート記述分析		行動観察・ポスター記述分析		行動観察・ポスター，ワークシート記述分析・振り返りシート分析	
評価規準	日本の行事や食べ物，自分の好きな日本文化などについて，日本の行事や食べ物，日本文化等に関する語句，We have ～. It's ～. You can enjoy ～. を用いて，考えや気持ちなどを書いている。		相手によりよく分かってもらえるように，日本の行事や食べ物など，紹介したい日本文化について，その名称や特徴などを表す語を書いている。		相手によりよく分かってもらえるように，自分のことや，日本の行事，食べ物，自分の好きな日本文化などについて，音声で十分に慣れ親しんだ語句や表現を用いて，考えや気持ちなどを書こうとしている。	
児童1	b	B	a	A		A
児童2	b	B	b	B		B
児童3	a	A	b	B		A

キーワード　「読むこと」「話すこと［発表］」「書くこと」における評価

単元名	関係する領域別目標
We Can! 2 Unit 4 「I like my town.」 （第6学年）	「読むこと」 イ　音声で十分に慣れ親しんだ簡単な語句や基本的な表現の意味が分かるようにする。 「話すこと［発表］」 ウ　身近で簡単な事柄について，伝えようとする内容を整理した上で，自分の考えや気持ちなどを，簡単な語句や基本的な表現を用いて話すことができるようにする。 「書くこと」 イ　自分のことや身近で簡単な事柄について，例文を参考に，音声で十分に慣れ親しんだ簡単な語句や基本的な表現を用いて書くことができるようにする。

1　単元の目標

　自分たちが住む地域について，相手に伝わるように，伝えようとする内容を整理した上で，自分の考えや気持ちなどを，発表したり，書かれた例文を参考に音声で十分に慣れ親しんだ語句や表現を用いて書いたりすることができる。また，自分たちなどが住む地域について，よりよく理解するために，音声で十分に慣れ親しんだ語句や表現で書かれた友達の考えや気持ちなどを推測しながら読んで意味が分かる。

2　単元の評価規準

		知識・技能	思考・判断・表現	主体的に学習に取り組む態度
読むこと		＜知識＞ 施設・建物を表す語句やWe (don't) have ～. We can enjoy/see ～. I want ～.の表現，終止符の基本的な符号について理解している。 ＜技能＞ 自分たちが住む地域について，について，音声で十分に慣れ親しんだ語句や表現で書かれた友達の考えや気持ちなどを読んで意味が分かるために必要な技能を身に付けている。	自分たちが住む地域について，よりよく理解するために，音声で十分に慣れ親しんだ語句や表現で書かれた友達の考えや気持ちなどを読んで意味が分かっている。	複数単元にまたがって評価を行うため，次の単元で記録に残す評価を行うこととする。
話すこと［発表］		＜知識＞ 施設・建物を表す語句やWe (don't) have ～. We can enjoy/see ～. I want ～.の表現について理解している。 ＜技能＞ 自分たちが住む地域について，施設・建物を表す語句や We (don't) have ～. We can enjoy/see ～. I want ～.の表現等を用いて，自分の考えや気持ちなどを話す技能を身に付けている。	自分たちが住む地域について相手に伝わるように，自分の考えや気持ちなどを話している。	複数単元にまたがって評価を行うため，次の単元で記録に残す評価を行うこととする。

書くこと	＜知識・技能＞ 施設・建物を表す語句やWe (don't) have ～. We can enjoy/see ～. I want ～. の表現，終止符の基本的な符号について理解している。 ＜技能＞ 自分たちが住む地域について，施設・建物を表す語句やWe (don't) have ～. We can enjoy/see ～. I want ～. の表現を用いて，自分の考えや気持ちなどを書く技能を身に付けている。	自分たちが住む地域について，相手に伝わるように，自分の考えや気持ちなどを書いている。	複数単元にまたがって評価を行うため，次の単元で記録に残す評価を行うこととする。

3 「読むこと」「話すこと［発表］」「書くこと」に焦点をおいた単元の指導と評価の計画（8時間）

時	目標◆・活動○【】	評 価			
		知技	思判表	態度	評価規準〈評価方法〉
1	◆様々な施設などの言い方や，地域にある施設，ない施設について表す表現について理解する。				
	○Small Talk：指導者の話 ・指導者の話（住んでいる地域の好きな場所や施設とその理由について写真等を見せながら話す）から，単元ゴールへの見通しをもつ。 【Let's Listen 1】p.26, 27 ・自分たちが住む地域と比較しながら，誌面の様々な街について気付いたことを発表し，施設等の言い方を知る。 ・地域について説明している音声を2つ程度聞いて，誌面にある6つの町の絵のうち当てはまるものを選び，番号を記入する。 【Let's Play 2】Pointing Game p.28 ・指導者が言う施設名を聞いて，誌面にある施設の絵（単語付）を指さす。 【Let's Listen 2】p.28 ・3人の話を聞いて，その地域にあるものを探し，誌面の表に○を記入する。 ○Let's Talk ・自分たちの地域にある施設やない施設について話す。（ペア等）	本時では，記録に残す評価は行わないが，目標に向けて指導を行う。児童の学習状況を記録に残さない活動や時間においても，教師が児童の学習状況を確認する。			
2	◆地域にある施設やない施設について，話すことができる。				
	○"What's this?" クイズ ・指導者が提示した施設などの写真の一部を見て，それが何かを答え，施設等の言い方を思い出す。 ○集中力ゲーム ・指導者が言う複数の施設名を聞き終わったら，グループ（ペア）で言われた順にそのカードを順番に並べる。 【Let's Listen 1】p.26, 27 ・自分の住む地域について説明している音声を聞いて，誌面にある6つの絵のうち当てはまる2つを選び，番号を記入する。 【Let's Play 1】p.26, 27 ・ペアになり，町の様子（町にある施設，ない施設	本時では，記録に残す評価は行わないが，目標に向けて指導を行う。児童の学習状況を記録に残さない活動や時間においても，教師が児童の学習状況を確認する。			

	等）をヒントとして交互に言い合い，相手が選んだ町がどれかを考えて答える。 ○Let's Talk（【Activity 1】p.31）（ある施設，ない施設） ・ペア同士で，自分たちの町にある施設，ない施設について話す。 【Let's Read and Write】①② p.32 ・書く文例：We have (a park). We don't have (a library). ・音声を聞きながら読んだ（言った）後，ワードボックスから自分の町に合う施設を書き写す。 ○Sounds and Letters（1）				
3	◆自分たちが住む地域のよいところなどについて，自分の考えや気持ちを話すことができる。				
	○Small Talk：自分の町の好きなところ 【Let's Listen 3】p.29 ・登場人物が自分たちの住んでいる地域について話しているのを聞き，聞き取った必要な情報を誌面に記入し表を完成させる。地域のよさを表現する方法を理解する。 ○カード・デスティニー・ゲーム ・ペアで行う。動作を表す小カードを分けて持ち，指導者が We have a ～. と言うと，それに合うカードを持っていたら We can enjoy ～. と言ってカードを置く。 ○Let's Talk（地域のよさとその理由） ・指導者のモデルや，指導者とのやり取りを聞いたことを参考に，ペアで地域のよさを話す。 【Let's Chant】I like my town. p.29	本時では，記録に残す評価は行わないが，目標に向けて指導を行う。児童の学習状況を記録に残さない活動や時間においても，教師が児童の学習状況を確認する。			
4	◆自分たちが住む地域について，相手に伝わるように，地域への願い（欲しい施設とその理由）などについて，伝えようとする内容を整理した上で，自分の考えや気持ちなどを話すことができる。				
	【Let's Chant】I like my town. p.29 ○Small Talk：指導者の話(地域への願い)，欲しい施設とその理由 【Let's Watch and Think 1】p.29 ・登場人物がそれぞれの地域について説明し，欲しい施設について話す映像を視聴し，分かったことを記入する。 【Let's Play 3】Pointing Game p.30 ・ポインティング・ゲームをする。 ・選んだ施設名と，選んだ理由を言う。 ○Let's Talk （地域に欲しい施設とその理由） ・指導者のモデルや，指導者と代表児童のやり取りを参考に，ペアで地域に欲しい施設とその理由などについて話す。 【Let's Read and Write】③ p.32 ・書く文例：（自分の町）is nice. I want a (nice library). ・音声を聞きながら読んだ（言った）後，自分の町の名前及び，ワードボックスから言葉を選んで書き写す。	発	発		［「話すこと［発表］」の記録に残す評価］ ◎自分たちが住む地域について，We don't have ～.や I want ～. などを用いて，欲しい施設とその理由などを話している。〈行動観察〉 ◎自分たちが住む地域について，相手に伝わるように，欲しい施設とその理由などを話している。 〈行動観察〉 ・児童が話している様子の観察から，評価の記録を残し，第7時の評価の記録とともに，後日行うパフォーマンス評価に加味する。

	◆相手が住む地域について，よりよく理解するために，音声で十分に慣れ親しんだ語句や表現で書かれた友達の考えや気持ちなどを推測しながら読んで意味が分かる。自分たちが住む地域について相手に伝わるように，そのよいところや願いも含めて，例文を参考に自分の考えや気持ちなどを書くことができる。		

| 5 | ○Small Talk：町にあって欲しいもの
【Let's Chant】I like my town. p.29
【Let's Watch and Think 2】p.31
・映像資料を視聴し，登場人物たちがどのように自分たちの地域を紹介しているかを聞き，それについての登場人物の感想をまとめる。
【Activity 2】p.32
・登場人物が自分の町を紹介する音声を何度か聞いた後，テキストのミニポスターを自分で読んでみる。

・テキストのミニポスターやこれまでに書きためたワークシートを参考にしてどのような内容の地域紹介にするのかを考え，ワークシート①を作成する。

○Sounds and Letters (m) | 書 | 書 | 本時では，「読むこと」については，記録に残す評価は行わないが，目標に向けて指導を行う。児童の学習状況を記録に残さない活動や時間においても，教師が児童の学習状況を確認する。

第6時と合わせて行う
[「書くこと」の記録に残す評価]
◎自分たちが住む地域について，施設・建物を表す語句や We（don't）have 〜．We can enjoy/see 〜．I want 〜．の表現を用いて，自分の考えや気持ちなどを書いている。〈行動観察・ワークシート①及びオリジナルミニポスター記述分析〉
◎自分たちが住む地域について，相手に伝わるように，そのよいところや願いも含めて，自分の考えや気持ちを書いている。〈行動観察・ワークシート①及びオリジナルミニポスター記述分析〉
・児童が書く様子や記述分析から，評価の記録を残す。 |

| | ◆自分たちが住む地域について，相手に伝わるように，そのよいところや願いも含めて，例文を参考に自分の考えや気持ちなどを書くことができる。 | | |

| 6 | 【Let's Chant】I like my town. p.29
【Let's Watch and Think 2】p.31
・前時に視聴した動画を再度見る。

【Activity 2】p.32
・これまでに発表したことや前時に作成したワークシート①を参考にして，誰かが読むことを意識してオリジナルミニポスターを作成する。

・ワークシートの WORD LIST，テキストのミニポスターなどを参考に，伝えたい内容の文を，4線の短冊に書いて，ミニポスター台紙に貼って，オリジナルミニポスターを完成する。
○Sounds and Letters (m, n) | 書 | 書 | **第5時と合わせて行う**
[「書くこと」の記録に残す評価]
◎自分たちが住む地域について，施設・建物を表す語句や We（don't）have 〜．We can enjoy/see 〜．I want 〜．の表現を用いて，自分の考えや気持ちなどを書いている。〈行動観察・ワークシート①及びオリジナルミニポスター記述分析〉
◎自分たちが住む地域について相手に伝わるように，そのよいところや願いも含めて，自分の考えや気持ちを書いている。〈行動観察・ワークシート①及びオリジナルミニポスター記述分析〉
・児童がワークシート①に書いたり，ポスターに書いて作成している様子から，評価の記録を残す。第5時 |

					で（b）に至っていないと判断した児童を優先して観察し，改善が見られた場合は記録に修正を加える。

◆自分たちが住む地域について，相手に伝わるように，伝えようとする内容を整理した上で，地域のよいところや願いも含めて，自分の考えや気持ちなどを話すことができる。

| 7 | 【Let's Chant】I like my town. p.29

【Activity 2】p.32
・オリジナルミニポスターを使いながら，2〜3組のペアで，互いに発表し，アドバイスをし合う。 | 発 | 発 | ［「話すこと[発表]」の記録に残す評価］
◎自分たちが住む地域について，そのよいところや願いも含めて，We can/enjoy 〜. などを用いて，自分の考えや気持ちなどを話している。〈行動観察〉
◎自分たちが住む地域について，相手に伝わるように，伝えようとする内容を整理した上で，そのよいところや願いも含めて，自分の考えや気持ちなどを話している。〈行動観察〉
・児童が話している様子の観察から，評価の記録を残す。第4時で（b）に至っていないと判断した児童について，改善が見られた場合は記録に修正を加える。本単元の記録は，後日行うパフォーマンス評価に加味する。 |

◆自分たちが住む地域についてよりよく理解するために，地域のよさや願いも含めて，音声で十分に慣れ親しんだ語句や表現で書かれた友達の考えや気持ちなどを推測しながら読んで意味が分かる。

| 8 | ○Small Talk：私たちの町
【Let's Chant】I like my town. p.29

【Activity 2】p.32
・作成したオリジナルミニポスターから，指導者が言う語を探す。
・友達のオリジナルミニポスターを読み合い，分かったことをワークシート②に書く。

【STORY TIME】p.33
・デジタル教材で絵本の読み聞かせを複数回聞く。
・音声の後に続いて言う。 | 読 | 読 | ［「読むこと」の記録に残す評価］
◎自分たちが住む地域に関する語句や表現などを読んで意味が分かっている。〈行動観察・ワークシート②記述分析〉
◎自分たちが住む地域についてよりよく理解するために，友達の考えや気持ちなどが書かれたものを読んで意味が分かっている。〈行動観察・ワークシート②記述分析〉
・児童の行動観察やワークシート②の記述分析から，評価の記録を残し，後日実施するチャレンジクイズの評価とともに，学期末に評価を総括する際の資料とする。 |

4－1 「話すこと[発表]」（「知識・技能」「思考・判断・表現」）の評価例（第4時）

評価場面	Let's Talk 活動内容：指導者のモデルや，指導者とのやり取りを参考に地域への願いなどをペアで，相手を替えて複数回話す。指導者は，モデルを示したり，数人の児童とやり取りしたりして，児童の活動を促す。
評価方法	行動観察
事前の手立て	・第1時から継続的に児童の様子を観察し，必要に応じて全体・個別指導を加え，地域にある施設やない施設，その理由を表す表現などへの理解を深めるとともに，音声に十分に慣れ親しませ，それらの表現を用いて自分の考えや気持ちを伝える技能を高めておくようにする。 ・帯活動としてのSmall Talkや第2・3時のLet's Talkでは，既習表現を想起し積極的に活用するための指導を行いつつ，よいモデルを紹介するなどして，対話を続けたり内容を広げたりすることへの意識付けを図っておく。 ・本時のLet's Talkの活動の前には，指導者がモデルを示したり数名の児童を指名して発話を促したりするなどし，活動へのイメージをもたせる。また，相手に分かってもらうための工夫等について，留意点を全体で共有しておく。
評価例	児童1の発表 We don't have a library. I want a library. I like books. Do you like books? 児童2の発表 We ... don't ... a library.（手を横に振るジェスチャー）OK? I like books.（本を広げるジェスチャー）　I ... I ... like a library. ・児童1は，自分たちの住む地域について，We don't have 〜. や I want 〜. I like 〜. Do you like 〜? などの既習表現を正しく用いて，欲しい施設やその理由について，自分の考えや気持ちなどを話している。また，相手がよく分かるように，相手に問いかけたりしながら話しているので，「知識・技能」及び「思考・判断・表現」において「十分満足できる」状況（a）と判断した。 ・児童2は，ある施設やない施設を表す表現について理解が十分でないこと，また，それらを使って自分の考えや気持ちを十分に話せていないことから，「知識・技能」においては，「努力を要する」状況(c)と判断した。一方，「思考・判断・表現」の観点から見ると，言いよどんだりする場面はあるものの，自分たちの住む地域について相手によく伝わるように，OK? などと相手の理解を確認したり，ジェスチャーを付けたり，I like books.と理由を言ったりして，自分の考えや気持ちなどを話しているので，「おおむね満足できる」状況（b）と判断した。
事後指導	・上記評価項目に満たず，本時で「努力を要する」状況（c）と評価した児童がいる場合は，「おおむね満足できる」状況（b）に到達できるよう，次時以降も意図的に対象児童を観察し，継続した指導や支援を行う。例えば，既習語句や表現を用いてまず指導者が自分のことを話した後に，児童に尋ねるなどして，語句や表現を十分に聞かせたり使ったりする機会を十分に設け，改善状況を見取りながら，第7時のActivity 2や，以降の単元につなげる。

4－2　「話すこと［発表］」（「知識・技能」「思考・判断・表現」）の評価例（第7時）

評価場面	Activity 2 活動内容：自分たちが住む地域について，相手に伝わるように，相手を見つけてペアになり，地域のよいところや願いについて自分の考えや気持ちなどを発表する。
評価方法	行動観察
事前の手立て	・第4時で「努力を要する」状況（c）と評価した児童2については，第5時の Let's Watch and Think 2 の活動状況を観察するなどして必要に応じた支援をしたり，第5時の Activity 2 の書く活動中に次時に向けた練習の時間を確保したりして，改善状況を見取りながら，継続的に指導を行い本活動につなげる。 ・第6時の Activity 2 では，「相手に伝わるように発表する」という視点を全体に示し，各自が自分の考えを整理しながらパンフレットが作成できるよう支援する。パンフレット作成中には必要に応じて個別に発表の練習の時間を取り，本活動につなげる。
評価例	┌─────────────────────────────┐ ＿児童1の発表＿ 　Hello. This is my town. We don't have a library. I want a library. I like books. Do you like books? We have a big park. Many flowers, beautiful. Nice park. I can enjoy jogging. I like jogging. Do you like jogging? Thank you. ＿児童2の発表＿ 　Hello. This is my town. We … don't have a library. OK? I like books. … I … I　（え～と）want a library. We have a park. Big park. I … jogging. OK? Thank you. └─────────────────────────────┘ ・児童1は，自分たちの地域について，伝えたい内容を整理した上で，We have/don't have ～. I want ～. I like ～. I can enjoy ～. などの既習表現を正しく用いて，地域にある施設や欲しい施設とその理由などについて，自分の気持ちや考えを話している。また，相手に伝わるように，Many flowers, beautiful. Nice park. などの情報を加えたり，聞き手に Do you like jogging? と問いかけたりしながら話しているので，「知識・技能」及び「思考・判断・表現」において，「十分満足できる」状況（a）と判断した。 ・児童2は，第5時の活動で，地域にない施設や欲しい施設を表す表現の理解が十分でなく，言いよどむ場面も見られ，既習表現を正しく用いて自分の考えや気持ちを話すことができていなかったが，その後，友達の発表や Let's Watch and Think 2 の音声を聞いたり，本時の発表に向けて練習をしたりしたことで改善状況が見られた。言いよどむ場面や表現の間違いが一部見られるものの，おおよそ自分の考えや気持ちが発表できており，相手に伝わるように，地域への願いやよいところについて，理由も含めて自分の考えや気持ちを発表しているため，「知識・技能」及び「思考・判断・表現」において，「おおむね満足できる」状況(b)と判断した。
事後指導	・改善状況が見られた児童2については，総括において記録の修正を行う。また，他に「努力を要する」状況（c）と評価した児童がいた場合は，「おおむね満足できる」状況(b)の達成に向けて，指導改善や学習改善につながる手立てを継続して行うようにする。児童のつまずきに応じて助言や支援を行ったり，練習の機会を設けたりして，改善状況を見取っていく。 ・「話すこと［発表］」について，本単元では，第4・7時に評価場面を設けたが，1時間で児童全員を見取ることが難しい場合もあり，評価時間が異なることで個別の状況に差が生まれることも考えられる。これらの記録のみで総括的な評価を行うには，妥当性，客観性の点から疑問があると思われるため，授業中の見取りに加え，例えば学期に1回程度同じ条件下で，例えば，「ALT の先生ともっと仲良くなるために，自己紹介をしたり，質問をしたり質問に答えたりする」という課題でパフォーマンス評価を行い，総括的に評価することも考えられる。

第3編
事例4

4－3　本単元における「話すこと［発表］」における評価の総括

評価観点	知識・技能			思考・判断・表現		
評価場面	第4時 LT	第7時 ACT2	本単元の評価	第4時 LT	第7時 ACT2	本単元の評価
評価方法	行動観察	行動観察		行動観察	行動観察	
評価規準	自分たちが住む地域について，We don't have ～.やI want ～.などを用いて，欲しい施設とその理由などを話している。	自分たちが住む地域について，そのよいところや願いも含めて，We can/enjoy ～.などを用いて，自分の考えや気持ちなどを話している。		自分たちが住む地域について，相手に伝わるように，伝えたい内容を整理した上で，欲しい施設とその理由などを話している。	自分たちが住む地域について，相手に伝わるように，伝えたい内容を整理した上で，そのよいところや願いも含めて，自分の考えや気持ちなどを話している。	
児童1	a	a	**A**	a	a	**A**
児童2	c	b	**B**	b	b	**B**

※児童2の「知識・技能」にかかわる評価の総括について
　第4時で「努力を要する」状況（c）と判断したが，第7時では「おおむね満足できる」状況（b）と判断した。評価の総括では，c，bであることから，「B」と総括した。第4時の活動よりも第7時の活動では，使用する言語材料が増えている中，第4時の目標である，地域にない施設や欲しい施設についても話している姿が見られたからである。

4－4　「書くこと」（「知識・技能」「思考・判断・表現」）の評価例（第5・6時）

評価場面	Activity 2 活動内容：前時までに話したことや書きためてきたワークシート，テキストのミニポスターを参考にしながら，ワークシート①及びオリジナルミニポスターを作成する。
評価方法	行動観察，ワークシート①及びオリジナルミニポスター記述分析
事前の手立て	・本時までの Let's Read and Write の活動を通して，簡単な語句や基本的な表現を書き写すことへの指導を行っておく。また，その過程において，本時で「努力を要する」状況（c）になることが予想される児童がいた場合は，メモを残すようにし，継続的に適切な指導を行い本時の活動につなげる。 ・本活動の前には，書き写す際の留意点を全体で話し合ったり，指導者がモデルを示したりするなどして，目標を全体で共有できるようにする。
評価例	

児童1のワークシート①　児童2のワークシート①　児童3のワークシート①

・児童1は，自分たちの住む地域について，そのよさや願い，自分の考えや気持ちなどを表す

	語句や表現を，すべて正しく書いているので，「知識・技能」において「十分満足できる」状況（a）と判断した。また，自分たちの住む地域について，相手に伝わるように，そのよさや願いなど，自分の考えや気持ちを，単元で学習した語や巻末の WORD LIST を調べて語を選んだり，文字と文字，語と語の間隔に適切なスペースをおいて，適切に書いたりしていることから，「思考・判断・表現」において「十分満足できる」状況（a）と判断した。
	・児童2は，自分たちの住む地域について，そのよさや願いなど，自分の考えや気持ちを表す語句や表現を一部正しく書いていないので，「知識・技能」において「おおむね満足できる」状況（b）と判断した。また，語と語の間隔を空けないで書くなど，相手によく分かってもらえるようにという観点からは，適切でない部分が見られるので，「思考・判断・表現」においても「おおむね満足できる」状況（b）と判断した。
	・児童3は，自分たちの住む地域について，そのよさや願いなど，自分の考えや気持ちを表す語句や表現を正しく書いていなかったり，相手によく分かってもらえるようにという観点からは，単語や語と語の間隔を適切にとって書いていなかったりすることから，「知識・技能」及び「思考・判断・表現」において「努力を要する」状況（c）と判断した。そこで，この後の活動，Sounds and Letters では，四線に文字を書かせる際に，四線に文字をおさめるよう，丁寧に書くよう指導を行い，また，ワークシート①に，一生懸命書いたことを称賛しつつも，単語と単語の間にスペースをおくことや，四線を意識して書くともっと読みやすくなるというコメントを添えるなどし，次時に意欲を喚起するようにした。第6時で，ワークシート①から単語や文を選んでオリジナルミニポスターを作成する際には，ワークシート①やこれまでのワークシートの例文をポスターのすぐそばにおいて，よく見て書くように声掛けをするなどしたことにより，一部正しく書けない語句があったり，語と語の間隔が十分でなかったりするところもあったが，改善されているとみて，「知識・技能」「思考・判断・表現」において「おおむね満足できる」状況（b）と判断した。
事後指導	・第6時で，上記評価項目に満たない「努力を要する」状況（c）と判断した児童がいた場合は，次の単元以降も，継続した指導や支援を行い，改善状況を見取りつつ，「おおむね満足できる」状況（b）を達成できるようにする。例えば，対象児童に「伝えたい内容」等を尋ね，それに合った語句や表現を一緒に選んだり，書いたりする際には，参考とする例文を，児童が書くシートのすぐ上に置かせ，語と語の間隔を意識しながら児童が書けるようにするなど，継続した指導や支援を行い，改善状況を見取りつつ，「おおむね満足できる」状況（b）を達成できるようにする。 ・本時で，「十分満足できる」状況（a）と判断した児童の作品については，よい例として示すなどして学級全体で共有し，今後の学習につなげる。

4－5 「読むこと」（「知識・技能」「思考・判断・表現」）の評価例（第8時）

評価場面	Activity 2 活動内容： 作成したオリジナルミニポスターを互いに読み合い，分かったことをワークシート②に書く。
評価方法	行動観察，ワークシート②記述分析
事前の手立て	・本時に至る前段階として，本単元で扱う語句や表現について音声で十分に慣れ親しませるとともに，文字を添えた絵カード等を継続的に活用し，語を一つのまとまりとして認識するような活動にも取り組ませておく。 ・第5時の Activity 2 では，登場人物が自分の町を紹介する音声を何度か聞いた後，自分で読むという活動を組んでいる。その際，本時で「努力を要する」状況（c）になることが予想される児童がいた場合は，メモを残すようにし，継続的に適切な指導を行い本時の活動につなげる。 ・本活動の前には，他の例を用いて活動のモデルを指導者が示すなどして，全ての児童が活動の仕方を理解できるようにする。

評価例	・児童1は，ワークシート②（p.87）の問いについて，関わる語句や表現を識別し，推測して読み，町にあるものとして「大きい公園」と書き，よいと思う理由として「ジョギングが楽しめる」，町や友達のことで分かったこととして，「この町には，大きなショッピングセンターがあるからいいと思っていたけれど，○○さんが書いているとおり，大きな公園があることもこの町のいいところだと思う。それに，図書館があると，みんなが本を読めてよりいいと思う。○○さんが，本が好きなことを初めて知った。」と記していることから，オリジナルミニポスターに書かれていることを読んで十分意味が分かっており，ポスターを読むことで町のことや相手のことについてより理解ができていることが読み取れると判断し，「知識・技能」及び「思考・判断・表現」において「十分満足できる」状況(a)と判断した。 ・児童2は，「公園」については識別し，意味も捉えられていたが，楽しめることについて記述がなかったことから，「知識・技能」において「おおむね満足できる」状況(b)と判断した。また，町や友達のことで分かったこととして「私も大きな公園があるからこの町がいいと思う。図書館はなくても，本屋さんがあるからいいと思う。」と町にあるものやないものについてのみ考えを書いていたので，「思考・判断・表現」においても「おおむね満足できる」状況(b)と判断した。
事後指導	・上記評価項目に満たない「努力を要する」状況（c）と判断した児童がいた場合，対象児童の様子を注視しつつ，今回意味が捉え難かったものだけでなく次の単元以降で扱う語句や表現についても，音声とともに文字を添えた絵カード，文等に何度も触れさせる場面を設けるなどして，「おおむね満足できる」状況（b）となるよう，意図的な支援や指導を継続して行う。 ・本活動は，児童同士が互いの作品を見合うため，文字に間違いがあったり鮮明でなかったりすることも想定され，個人により条件が異なることが懸念され，妥当性，客観性の点から疑問が残る。そこで，本活動についてはワークシート②を評価資料として残しながらも，例えば単元や学期の終わりに，同一条件下でチャレンジクイズを実施することが考えられる。その結果とともに，本単元の中で記録した評価を加味して，総括的に評価する。

＜【Activity 2】p.32 で使用するワークシート②例＞

友達のオリジナルミニポスターを見て，分かったことをワークシート②に書きとめさせる。

〈例〉友達のオリジナルミニポスター

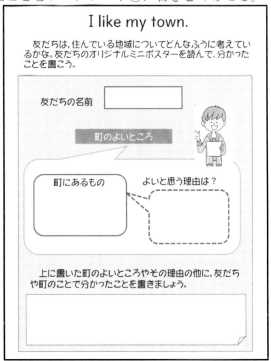

〈例〉ワークシート②

＜Unit 1 ～ Unit 4 終了後，学期末に実施する場合の「書くこと」及び「読むこと」（「思考・判断・表現」）に関するチャレンジクイズの一例＞

※ここでは，授業において音声で十分慣れ親しんだ簡単な語句や基本的な表現を扱っている。

単元名	関係する領域別目標
Let's Try! 1 Unit 7 「This is for you.」 （第3学年）	「聞くこと」 ア　ゆっくりはっきりと話された際に，自分のことや身の回りの物を表す簡単な語句を聞き取るようにする。 「話すこと［やり取り］」 ウ　サポートを受けて，自分や相手のこと及び身の回りの物に関する事柄について，簡単な語句や基本的な表現を用いて質問をしたり質問に答えたりするようにする。

1　単元の目標

　学級の友達に感謝の気持ちを伝えるカードを作るために，相手に伝わるように工夫しながら，色や形など，身の回りの物について，欲しいものを尋ねたり答えたりして伝え合う。

※本単元における「聞くこと」については，目標に向けて指導は行うが，記録に残す評価は行わない。

2　単元の評価規準

	知識・技能	思考・判断・表現	主体的に学習に取り組む態度
話すこと［やり取り］	色や形など，身の回りの物について，What do you want? や〜, please. などを用いて欲しいものを尋ねたり答えたりすることに慣れ親しんでいる。	学級の友達に感謝の気持ちを伝えるカードを作るために，相手に伝わるように工夫しながら，色や形など，身の回りの物について，欲しいものを尋ねたり答えたりして伝え合っている。	学級の友達に感謝の気持ちを伝えるカードを作るために，相手に伝わるように工夫しながら，色や形など，身の回りの物について，欲しいものを尋ねたり答えたりして伝え合おうとしている。

3　単元の指導と評価の計画（5時間）

時	目標◆・活動○【】	評価			
		知技	思判表	態度	評価規準〈評価方法〉
1	◆日本語と英語の音声の違いに気付くとともに，色や形など，身の回りの物を表す言い方を知る。 ○誌面には何があるかな。 ・誌面にあるものなどを発表する。 【Let's Play 1】p.27 ・シェイプ・クイズでシルエットを見てそれが何かを当てる。 【Let's Play 2】p.27 ・ペアや個人でポインティング・ゲームをする。 【Let's Watch and Think】p.28 ・誌面の5種類のカードを見て，カードに記された模様などからそれらが何のカードかを考えて発表する。 ・映像資料の音声を聞いて，何のカードかを確認するとともに，季節や行事などの挨拶の言い方を知る。 ○指導者が作成したグリーティングカードを見て，最終活動への見通しをもつ。				本時では，記録に残す評価は行わないが，目標に向けて指導を行う。児童の学習状況を記録に残さない活動や時間においても，教師が児童の学習状況を確認する。

2	◆色や形など，身の回りの物の言い方に慣れ親しみ，欲しいものを尋ねたり答えたりする。				
	○ミッシング・ゲーム 【Let's Watch and Think】p.28 ・映像資料を見て，気持ちを届け合うためにさまざまなカードがあることを知るとともに，単元終末の活動への意欲を高める。 ○カードを作ろう。 ・代表児童に欲しいものを尋ねたり，答えたりする。 【Let's Chant】What do you want? p.27			本時では，記録に残す評価は行わないが，目標に向けて指導を行う。児童の学習状況を記録に残さない活動や時間においても，教師が児童の学習状況を確認する。	
3	◆色や形など，身の回りの物の言い方に慣れ親しみ，欲しいものを尋ねたり答えたりする。				
	【Let's Chant】What do you want? p.27 【Let's Listen】p.29 ・音声を聞いて，形などの語句を聞き取り，誰がどの作品を作ったのかを考えて線で結ぶ。 ○マッチング・ゲーム ○これは何でしょう。 ・色形の紙（10枚程度）を使って，形を作り，クイズを作る。 ・互いに出来上がった形をWhat's this?と尋ねたり答えたりする。			本時では，記録に残す評価は行わないが，目標に向けて指導を行う。児童の学習状況を記録に残さない活動や時間においても，教師が児童の学習状況を確認する。	
4	◆学級の友達に感謝の気持ちを伝えるカードを作るために，相手に伝わるように工夫しながら，色や形など，身の回りの物について，欲しいものを尋ねたり答えたりして伝え合う。				
	【Let's Chant】What do you want? p.27 【Activity】p.29 ・欲しいものを尋ねたり答えたりして集め，グリーティングカードを作る。 ・デジタル教材を視聴し，紹介の仕方を知るとともに，紹介することを楽しみにできるよう次時への見通しをもつ。	や	や	や	["話すこと"[やり取り]の記録に残す評価] ◎色や形など，身の回りの物について，What do you want? や 〜, please. などを用いて欲しいものを尋ねたり答えたりしている。〈行動観察・振り返りシート記述点検〉 ◎学級の友達に感謝の気持ちを伝えるカードを作るために，相手に伝わるように工夫しながら，色や形など，身の回りの物について，欲しいものを尋ねたり答えたりして伝え合っている。〈行動観察・振り返りシート記述点検〉 ◎学級の友達に感謝の気持ちを伝えるカードを作るために，相手に伝わるように工夫しながら，色や形など，身の回りの物について，欲しいものを尋ねたり答えたりして伝え合おうとしている。〈行動観察・振り返りシート記述点検〉 ※単元の評価規準では「〜尋ねたり答えたりすることに慣れ親しんでいる」としているが，第3時の時点だけでは，繰り返し使っていることは確認できないため，ここでは「〜尋ねたり答えたりしている」という姿を見取ることとしている。
5	◆学級の友達に感謝の気持ちを伝えるカードを作るために，相手に伝わるように工夫しながら，色や形など，身の回りの物について，欲しいものを尋ねたり答えたりして伝え合う。				
	【Let's Chant】What do you want? p.27 【Activity】p.29 ・欲しいものを尋ねたり答えたりして集め，グリーティングカードを作る。 ・デジタル教材を前時に続いて再度視聴し，紹介	や	や	や	第4時と合わせて行う ["話すこと"[やり取り]の記録に残す評価] 評価規準及び評価方法は，第4時と同じ。

の仕方を確認する。 ・作品を紹介して，カードを贈る。				

4 「話すこと［やり取り］」（「知識・技能」「思考・判断・表現」「主体的に学習に取り組む態度」）の評価例（第4・5時）

評価 場面	Activity 活動内容：欲しいものを尋ねたり答えたりして集め，グリーティングカードを作る。
評価 方法	行動観察，振り返りシート点検
事前 の手 立て	・第1時から第4時に至るまでに，指導者は常に児童と欲しいものや好きなものなどについてやり取りをして，児童が身の回りの物や What do you want?　〜, please.などの表現に十分慣れ親しませておくようにするとともに，欲しいものについてやり取りをすることについて伝え合うことの楽しさを味わわせるよう心がける。
評価 例	＜評価方法＞ ・児童が，お店屋さんごっこの要領で，What do you want? や〜, please.などを使って，欲しいものを尋ねたり答えたりしている様子を見取り，記録をしておく。第4時終了後には，児童の振り返りシート記載内容と，指導者の記録内容とを照らし合わせ，大きな違いがある児童については，第5時最初のチャンツを言う際に，自信をもたせるような声掛けをしたり，チャンツのセリフをしっかり聞いて，そのセリフを確認させたりする。 ・「知識・技能」については，本単元で扱っている語句や表現を聞いたり，言ったりして，相手が欲しいものを渡したり，欲しいものを手に入れているかを観察しその様子を見取る。 ・「思考・判断・表現」については，相手の欲しいものが分かるように，例えば，相手の Red circle, please.という発話に対し，Red circle.と繰り返したり，OK.などと相手の言ったことに反応したりしている様子や，自分の欲しいものがきちんと伝わるように，Red circle, please.と言いながら，手で〇を作って見せたり，強調して言ったりなど特徴的な姿を見取る。このように友達に感謝の気持ちを表すカードを作るのに必要なものを手に入れるために，また，相手に欲しいものを渡せるように，これまでに慣れ親しんだ語句や表現を使っている特徴的な様子を見取るようにする。 ・「主体的に学習に取り組む態度」については，「思考・判断・表現」と同様の姿をメモにとるが，加えて，児童が友達のやり取りを見て，そのよさを取り入れたり，工夫したりしている特徴的な様子も見取るようにする。 ┌─────────────────┬─────────────────────────┐ │ 児童1と児童2のやり取り │ 児童3と児童4のやり取り │ │ 児童1：Hello!　（手を振る） │ 児童3：Hello! Hello!　（笑顔で手を振って） │ │ 児童2：Hello. │ 児童4：Hello! │ │ 児童1：What... do you want? │ 児童3：あれ・・・何て言うんだっけ？What do...want? │ │ 児童2：I like pink. │ 児童4：Blue triangle, please. │ │ 　　　　A pink heart, please. │ 児童3：Blue? Triangle? OK! I like blue! │ │ 児童1：OK. One? Two? │ 児童4：Good! │ │ 児童2：Three, please. │ 児童3：え〜と....あっ，One? Two? Three?　（指で示す） │ │ 児童1：OK. │ 児童4：Two. (指で示す) │ │ 児童2：Thank you. │ 児童3：Oh, two? Good! OK! Thank you.　（形を手渡して） │ │ 児童1：You are welcome. │ 児童4：Thank you. │ │ 児童2：See you. │ 児童3：You are...ウ，ウ welcome. See you!　（手を振り） │ │ │ 児童4：See you. │ └─────────────────┴─────────────────────────┘ ＜評価＞ ・児童2は，欲しいものや数を尋ねる表現についてよく理解してそれらを使ったり，これまでに慣れ親しんだ表現を使って話を広げたりするなど，相手に伝わるように工夫してやり取りする状況が見られたので，評価簿の「知識・技能」「思考・判断・表現」の欄にチェックを入れ，「語句や表現の理解や場面や状況に応じた受け答え，スムーズなやり取り，慣れ親しんだ表現を使って会話」などと記録を残した。

第3編
事例5

	・児童3は，表現の誤りや言いよどむ場面，指導者に支援を求める場面が見られるが，粘り強く取り組み，場面や状況に応じて慣れ親しんだ表現を使ったり，ジェスチャーを交えたりして相手を意識し，よりよく伝えようとする工夫が見られた。よって評価簿の「思考・判断・表現」や「主体的に学習に取り組む態度」の欄にチェックを入れ，「場面や状況を理解して気持ちのよいコミュニケーション，相手意識，慣れ親しんだ表現を使い会話を楽しむ，粘り強い」などと記録を残した。
事後指導	・活動の途中でいったん止めて，児童の姿から，相手に伝わるように工夫しながらやり取りをしているよい例を指導者が紹介したり助言したりし，それらを学級全体で共有し後半の活動や次時への学習改善に生かすようにする。 ・活動状況を観察し，「知識・技能」「思考・判断・表現」「主体的に学習に取り組む態度」それぞれの観点において十分ではない状況が見られた場合は，活動をいったん止めて，観点に応じて，練習的な活動を組み込んだり，助言や指導を行ったりして学習改善につなげる。 ・本時の活動において，目標への到達状況が十分でない児童がいる場合は，次時に向けて個別に指導する場面を設けたり，次時の活動中に個別支援を行ったりするなどして，指導を続けながら学習改善の状況を継続的に観察する。

※なお，ここでいう「記録に残す」とは，評価規準に沿って，児童名簿等にチェックを入れたり，特徴的なことはメモをとったりしておくことである。その際，1単元で必ずしも全児童について記録に残す必要はなく，1年間を通して全児童について各観点で各領域においてバランスよく記録に残すことが大切である。こうして蓄積した各児童についての記録を基に，指導要録に文章で児童の様子を記載する。

単元名	関係する領域別目標
Let's Try! 2　Unit 5 「Do you have a pen?」 （第4学年）	「聞くこと」 イ　ゆっくりはっきりと話された際に，身近で簡単な事柄に関する基本的な表現の意味が分かるようにする。 「話すこと［発表］」 ア　身の回りの物について，人前で実物などを見せながら，簡単な語句や基本的な表現を用いて話すようにする。

1　単元の目標

　おすすめの文房具セットを作る参考にするために，世界の子供達，学校の先生や友達の文房具など，学校で使う物や持ち物についての話を聞いたり，おすすめの文房具セットについて相手に伝わるように工夫しながら，文房具などの学校で使う物や持ち物について話したりする。

2　単元の評価規準

		知識・技能	思考・判断・表現	主体的に学習に取り組む態度
聞くこと		文房具などの学校で使う物や持ち物の言い方，I have/don't have 〜. Do you have 〜? Yes, I do./No, I don't. などの表現を聞くことに慣れ親しんでいる。	おすすめの文房具セットを作る参考にするために，世界の子供達の文房具など，学校で使う物や持ち物についての話を聞いて意味が分かっている。	複数単元にまたがって評価を行うため，次の単元で記録に残す評価を行うこととする。
話すこと［発表］		文房具などの学校で使う物や持ち物について，I have/don't have 〜. Do you have 〜? などを用いて，話すことに慣れ親しんでいる。	おすすめの文房具セットについて相手に伝わるように工夫しながら，文房具などの学校で使う物や持ち物について話している。	おすすめの文房具セットについて相手に伝わるように工夫しながら，文房具などの学校で使う物や持ち物について話そうとしている。

第3編
事例6

3　「聞くこと」・「話すこと［発表］」に焦点をおいた単元の指導と評価の計画（4時間）

時	目標◆・活動○【】	評価			
		知技	思判表	態度	評価規準〈評価方法〉
1	◆文房具などの学校で使う物の言い方に慣れ親しむ。 ○チャンツ What time is it? (Unit 4) ○何かな，予想しよう。 ○誌面を見てどのような物があるかを発表し，文房具の言い方を知る。 ○指導者の文房具セットの紹介を聞いて，単元の見通しをもつ。 【Let's Watch and Think 1】p.18 【Let's Play 1】I spy ゲーム p.19 ○歌 Goodbye Song（3年 Unit 2）				本時では，記録に残す評価は行わないが，目標に向けて指導を行う。児童の学習状況を記録に残さない活動や時間においても，教師が児童の学習状況を確認する。 ※活動の詳細については，文部科学省 HP に掲載している Let's Try! 2 Unit 5 単元計画，指導案を参照のこと。

2	◆文房具などの学校で使う物や持ち物について聞いたり話したりすることに慣れ親しむ。				
	○BINGO ゲーム ○カード・デスティニー・ゲーム 【Let's Chant】Do you have a pen? p.19 【Let's Listen】p.20 ○歌 Goodbye Song（3年 Unit 2）		本時では，記録に残す評価は行わないが，目標に向けて指導を行う。児童の学習状況を記録に残さない活動や時間においても，教師が児童の学習状況を確認する。		

3	◆おすすめの文房具セットを作る参考にするために，世界の子供達の文房具など，学校で使う物や持ち物についての話を聞いたり話したりする。				
	【Let's Chant】Do you have a pen? p.19			本時では，「話すこと［発表］」については，記録に残す評価は行わないが，目標に向けて指導を行う。児童の学習状況を記録に残さない活動や時間においても，教師が児童の学習状況を確認する。	
	【Let's Watch and Think 2】p.20 ・世界の子供たちが鞄の中の物について話している映像を視聴し，自分たちの持ち物と比べて気付いたことを□に記入する。	聞	聞	**[「聞くこと」の記録に残す評価]** ◎文房具など，学校で使う物や持ち物についての話を聞いて意味が分かっている。〈行動観察・テキスト記述分析・振り返りシート点検〉 ◎おすすめの文房具セットを作る参考にするために，世界の子供達の文房具など，学校で使う物や持ち物についての話を聞いて意味が分かっている。〈行動観察・テキスト記述分析・振り返りシート点検〉	
	【Let's Play 2】p.21 ○歌 Goodbye Song（3年 Unit 2）				

4	◆おすすめの文房具セットについて相手に伝わるように工夫しながら，文房具などの学校で使う物や持ち物について紹介する。				
	【Let's Chant】Do you have a pen? p.19	発	発	発	
	【Activity】文房具セットをおくろう p.21 ・身近な人のために文房具セットを作る。 ・誰のためにどのようなセットを作ったかを紹介する。				**[「話すこと［発表］」の記録に残す評価]** ◎文房具などの学校で使う物や持ち物について，I have/don't have ～. Do you have ～? などを用いて，話している。〈行動観察・児童作品（おすすめの文房具セット）・振り返りシート点検〉 ◎おすすめの文房具セットについて相手に伝わるように工夫しながら，文房具などの学校で使う物や持ち物について話している。〈行動観察・児童作品（おすすめの文房具セット）・振り返りシート点検〉 ◎おすすめの文房具セットについて相手に伝わるように工夫しながら，文房具などの学校で使う物や持ち物について話そうとしている。〈行動観察・児童作品（おすすめの文房具セット）・振り返りシート点検〉
	○歌 Goodbye Song（3年 Unit 2）				

第3編
事例6

4－1　「聞くこと」（「知識・技能」「思考・判断・表現」）の評価場面（第3時）

評価 場面	**Let's Watch and Think 2** 活動内容：世界の子供達の鞄の中身を予想した上で，映像を視聴し，分かったことを答える。 ＜映像資料スクリプト＞ ① Hi, this is my bag. I have a banana. I have an apple. I have sandals, too. I don't have textbooks in my bag.　（スウェーデン） ② Hello! This is my bag. I have indoor shoes. I have a water bottle. I have color pencils. I have a toothbrush. I don't have textbooks in my bag.　（韓国） ③ Hi. This is my bag. I have a sandwich, a water bottle and an apple. I also have a folder with my homework. I don't have textbooks in my bag.　（アメリカ）

評価 方法	行動観察，テキスト記述分析，振り返りシート点検
事前 の手 立て	・第1時から本活動に至るまでに，文房具などの学校で使う物や持ち物の言い方，I have/don't have 〜. などの表現に十分慣れ親しませておく。 ・本活動の前には，児童の鞄の中身を尋ねたり，世界の子供達の鞄の中身を予想させたりして， 興味を高めてから映像を視聴させる。

評価 例	<評価方法> ・「知識・技能」については，文房具などの学校で使う物や持ち物について，I have 〜．I don't have 〜．などの表現を聞いて，その意味が分かっているかを，テキスト記述内容や発表内容 から見取る。 ・「思考・判断・表現」については，映像をヒントにしながらも世界の子供達が学校に持ってい く物，持っていかない物を，自分達の持ち物と比較しながら聞いている様子や，それをテキ ストに記述しているかを見取る。 ・児童が，映像資料を視聴している様子，映像資料の世界の子供達と自分達の持ち物とを比べ て気付いたことの発表の様子で特徴的なことや，発表内容やテキストの記述内容を見取る。

児童1
〈発言〉私達は毎日国語や算数の本を持って
来ているけど，他の国では持って行かないと
知ってびっくりしました。

> スウェーデンの子はリンゴとバナナと
> サンダルを持っていく。かん国の子は
> くつと水とうを持っていく。

児童2
〈つぶやき〉サンダル，くつじゃないんだ。
サンドイッチ…水とう，リンゴ…。アメ
リカは給食がないのかな。

> バナナ　リンゴ

児童3　〈発言・つぶやきなし〉

> スウェーデン　バナナ リンゴ サンダル
> かん国　シューズ　水　色えんぴつ
> アメリカ　サンドイッチ　水

児童4 〈発言・つぶやきなし〉

> 本は持っていない。

<評価>
・児童1は，発言や記述から，持ち物の言い方や I have/don't have 〜. の表現について，よく
理解していることが見取れた。また，発言から世界の子供達の持ち物を自分と比べて考えな
がら聞いている状況が見られた。よって，評価簿の「知識・技能」「思考・判断・表現」の欄
にチェックを入れ，「自分と比べながら聞く（発言）」などと記録を残した。
・児童2は，テキストへの記述は少ないものの，動画の視聴中のつぶやきから持ち物の言い方
を理解している状況が見取れた。また，聞き取った内容からアメリカの学校生活について思
考している様子も見られたため，「知識・技能」「思考・判断・表現」の欄にチェックを入れ，
「外国の学校生活を考えながら聞く（発言）」などと記録を残した。
・児童3は，テキストへの記述から持ち物の言い方を理解していることが見取れたため，「知識・
技能」の欄にチェックを入れた。
・児童4は，活動中の発言がなく，視聴中やその後に何かを書こうとする様子も見られなかっ
たが，他の児童の発言を聞いた後にその内容をテキストに記述していた。このことから本活
動においては「知識・技能」「思考・判断・表現」それぞれの観点において十分であるとはい
えない状況が見られたため，個別に指導，支援する場面を設ける必要があると判断した。

・最初の動画を視聴した後に，気付いたことを発表させたり，数名のテキストの記述を紹介し
たりする。聞いた内容を理解したり，聞いたことを記述したりすることが困難な児童がいる
ことも考えられるため，それらを学級全体で共有することにより，次の動画を視聴する際の
学習改善に生かすようにする。
・活動状況を観察し，児童4のように目標への到達状況が十分でない児童がいる場合は，次の
Let's Play 2 活動中や次時の活動中に個別支援を行う等，指導を続けながら学習改善の状況
を継続的に観察する。

4－2 「話すこと［発表］」(「知識・技能」「思考・判断・表現」「主体的に学習に取り組む態度」)の評価例
(第4時)

評価場面	Activity　文房具セットをおくろう。 活動内容：お店屋さんごっこの要領で集めたカードで作成した，友達のための「おすすめの文房具セット」をグループ内で紹介する。
評価方法	行動観察，児童作品（おすすめの文房具セット），振り返りシート点検
事前の手立て	・誰かのために文房具セットを作り，グループ内で紹介することを告げ，第1時で指導者が紹介した○○先生のために作成した文房具セットを理由とともに再度紹介する。 　T：Look. This is for ○○ *sensei*. I have three blue pencils. One eraser. I have a blue ruler. I have a blue stapler. Two notebooks. One blue marker. ○○ *sensei* likes blue. ・代表児童が，全体の前で誰のためにどのような文房具セットを作ったかを紹介する。 　紹介例 　This is for S1 *san*. I have two red pencils. I have one blue stapler. I have one light blue notebook. One marker. One red marker. One glue stick. One eraser. S1 さんは物を作るのが好きなので，いろいろな文房具を入れました。
評価例	＜評価方法＞ ・作成したおすすめの文房具セットを見せながら紹介している様子を見取って記録に残す。 ・「知識・技能」については，文房具などの学校で使う物や持ち物について，I have/don't have ～. Do you have ～? などを用いて，話している様子を見取る。 ・「思考・判断・表現」については，自分が作成したおすすめの文房具セットを相手に分かってもらえるように，相手の好きな色や文房具を繰り返し言う，それを指さして言う，相手が分かっているかを確かめながらゆっくり言う，Do you like blue?とその色が好きかどうかを改めて尋ねて確認するなど，特徴的な姿が見られたら，記録に残しておく。このように友達が喜ぶ文房具セットを相手に分かってもらうために，これまでに慣れ親しんだ語句や表現を使っている特徴的な様子を見取るようにする。 ・「主体的に学習に取り組む態度」については，「思考・判断・表現」と同様の姿を記録に残すが，加えて，児童の発表の様子を見て，そのよさを取り入れたり，工夫したりしている特徴的な様子も見取るようにする。 ・活動の途中でいったん止めて，児童の姿から，相手に分かるように工夫しながら話しているよい例を指導者が紹介して，その姿を共有し，後半で児童がその例を参考にさらに紹介ができるようにすることも大切である。 ※児童の具体的な姿に基づいた＜評価＞は，事例5「話すこと［やり取り］に記しているので，それを参照にされたい。

※なお，ここでいう「記録に残す」とは，評価規準に沿って，児童名簿等にチェックを入れたり，特徴的なことはメモをとったりしておくことである。その際，1単元で必ずしも全児童について記録に残す必要はなく，1年間を通して全児童について各観点で各領域においてバランスよく記録に残すことが大切である。こうして蓄積した各児童についての記録を基に，指導要録に文章で児童の様子を記載する。

第3編
事例6

巻末資料

外国語活動における「内容のまとまりごとの評価規準」を作成する際の手順

　外国語活動においては，「外国語活動」としての目標を資質・能力の三つの柱で以下のように示しているが，言語「英語」の目標は，英語教育の特質を踏まえ，後述のように「聞くこと」「話すこと［やり取り］」「話すこと［発表］」の三つの領域別で示し，その領域別の目標の実現を目指した指導を通して，外国語活動の目標の実現を目指すこととしている。本編では，こうした特質を踏まえ，外国語活動における評価規準を作成する際の手順及び留意事項等を示す。

　外国語によるコミュニケーションにおける見方・考え方を働かせ，外国語による聞くこと，話すことの言語活動を通して，コミュニケーションを図る素地となる資質・能力を次のとおり育成することを目指す。
(1) 外国語を通して，言語や文化について体験的に理解を深め，日本語と外国語との音声の違い等に気付くとともに，外国語の音声や基本的な表現に慣れ親しむようにする。
(2) 身近で簡単な事柄について，外国語で聞いたり話したりして自分の考えや気持ちなどを伝え合う力の素地を養う。
(3) 外国語を通して，言語やその背景にある文化に対する理解を深め，相手に配慮しながら，主体的に外国語を用いてコミュニケーションを図ろうとする態度を養う。

1　外国語活動の「内容のまとまり」

　外国語活動における「内容のまとまり」は，小学校学習指導要領　第4章　外国語活動　第2　各言語の目標及び内容等　英語　1　目標に示されている「三つの領域」のことである。

○　聞くこと
　ア　ゆっくりはっきりと話された際に，自分のことや身の回りの物を表す簡単な語句を聞き取るようにする。
　イ　ゆっくりはっきりと話された際に，身近で簡単な事柄に関する基本的な表現の意味が分かるようにする。
　ウ　文字の読み方が発音されるのを聞いた際に，どの文字であるかが分かるようにする。

○　話すこと［やり取り］
　ア　基本的な表現を用いて挨拶，感謝，簡単な指示をしたり，それらに応じたりするようにする。
　イ　自分のことや身の回りの物について，動作を交えながら，自分の考えや気持ちなどを，簡単な語句や基本的な表現を用いて伝え合うようにする。
　ウ　サポートを受けて，自分や相手のこと及び身の回りの物に関する事柄について，簡単な語句や基本的な表現を用いて質問をしたり質問に答えたりするようにする。

○　話すこと［発表］
　ア　身の回りの物について，人前で実物などを見せながら，簡単な語句や基本的な表現を用いて話すようにする。
　イ　自分のことについて，人前で実物などを見せながら，簡単な語句や基本的な表現を用いて話すようにする。
　ウ　日常生活に関する身近で簡単な事柄について，人前で実物などを見せながら，自分の考えや気持ちなどを，簡単な語句や基本的な表現を用いて話すようにする。

巻末
資料

2 「内容のまとまりごとの評価規準」作成の基本的な手順

「内容のまとまりごとの評価規準」は，第1編に示した基本的な手順を踏まえ，各教科等の特質に応じた形で作成する。各教科等の特質に応じた「内容のまとまりごとの評価規準」作成の具体的な手順については，次項以降に記載している。

【確認事項】

① 外国語活動における「内容のまとまり」の記述が，観点ごとにどのように整理されているかを確認する。

② 「内容のまとまり（三つの領域）ごとの評価規準」を作成する。

---

3 外国語活動における「内容のまとまりごとの評価規準」作成の手順

① 外国語活動における「内容のまとまり」の記述が，観点ごとにどのように整理されているかを確認する。

外国語活動における「内容のまとまり」は，三つの領域（「聞くこと」「話すこと［やり取り］」「話すこと［発表］」）である。

三つの領域別の目標の記述は，資質・能力の三つの柱を総合的に育成する観点から，各々を三つの柱に分けずに，一文ずつの能力記述文で示している。

○ 聞くこと

ア　ゆっくりはっきりと話された際に，自分のことや身の回りの物を表す簡単な語句を聞き取るようにする。

イ　ゆっくりはっきりと話された際に，身近で簡単な事柄に関する基本的な表現の意味が分かるようにする。

ウ　文字の読み方が発音されるのを聞いた際に，どの文字であるかが分かるようにする。

○ 話すこと［やり取り］

ア　基本的な表現を用いて挨拶，感謝，簡単な指示をしたり，それらに応じたりするようにする。

イ　自分のことや身の回りの物について，動作を交えながら，自分の考えや気持ちなどを，簡単な語句や基本的な表現を用いて伝え合うようにする。

ウ　サポートを受けて，自分や相手のこと及び身の回りの物に関する事柄について，簡単な語句や基本的な表現を用いて質問をしたり質問に答えたりするようにする。

○ 話すこと［発表］

ア　身の回りの物について，人前で実物などを見せながら，簡単な語句や基本的な表現を用いて話すようにする。

イ　自分のことについて，人前で実物などを見せながら，簡単な語句や基本的な表現を用いて話すようにする。

ウ　日常生活に関する身近で簡単な事柄について，人前で実物などを見せながら，自分の考えや気持ちなどを，簡単な語句や基本的な表現を用いて話すようにする。

（1）「内容のまとまり（三つの領域）ごとの評価規準」を作成する際の【観点ごとのポイント】

○「知識・技能」のポイント

・「知識」については，小学校学習指導要領「2　内容〔第3学年及び第4学年〕」の〔知識及び技能〕における「(1) 英語の特徴等に関する事項」に記されていることを指しており，それらの事項を身に付けている状況を評価する。

・「技能」について，

－ 　「聞くこと」は，自分のことや身の回りの物を表す簡単な語句を聞き取ったり，身近で簡単な事柄に関する基本的な表現を聞いたりすることに慣れ親しんでいる状況を評価する。また，文字の読み方が発音されるのを聞くことに慣れ親しんでいる状況を評価する。

－ 　「話すこと［やり取り］」は，挨拶，感謝，簡単な指示をしたり，それらに応じたりすることに慣れ親しんでいる状況を評価する。また，自分のことや身の回りの物について，自分の考えや気持ちなどを伝え合ったり，自分や相手のこと及び身の回りの物に関する事柄について，質問をしたり質問に答えたりすることに慣れ親しんでいる状況を評価する。

－ 　「話すこと［発表］」は，身の回りの物や自分のことについてや，日常生活に関する身近で簡単な事柄について，自分の考えや気持ちなどを話すことに慣れ親しんでいる状況を評価する。

　※初めて外国語に触れる，外国語活動では，言語や文化について体験的に理解を深め，日本語と外国語との違い等に気付くことで，外国語の音声や基本的な表現への慣れ親しみが深まり，また，外国語の音声や基本的な表現に慣れ親しむことで，言語や文化についての体験的理解が深まり，日本語と外国語との違い等への気付きが促される。よって，ここでいう「外国語の音声や基本的な表現に慣れ親しむ」ことは，外国語活動の目標に示している「言語や文化について体験的に理解を深め」ることや「日本語と外国語との違い等への気付き」と一体的なものである。

○「思考・判断・表現」のポイント

・「聞くこと」は，コミュニケーションを行う目的や場面，状況などに応じて，自分のことや身の回りの物を表す簡単な語句を聞き取ったり，身近で簡単な事柄に関する基本的な表現の意味が分かったりしている状況を評価する。また，文字の読み方が発音されるのを聞いて，どの文字であるかが分かっている状況を評価する。

・「話すこと［やり取り］」は，コミュニケーションを行う目的や場面，状況などに応じて，挨拶，感謝，簡単な指示をしたり，それらに応じたりしている状況を評価する。また，自分のことや身の回りの物について，自分の考えや気持ちなどを伝え合ったり，自分や相手のこと及び身の回りの物に関する事柄について，質問をしたり質問に答えたりしている状況を評価する。

・「話すこと［発表］」は，コミュニケーションを行う目的や場面，状況などに応じて，身の回りの物や自分のことについてや，日常生活に関する身近で簡単な事柄について，自分の考えや気持ちなどを話している状況を評価する。

巻末
資料

※外国語活動では，取り扱う語彙や表現が限られている。よって，ここでいう「コミュニケーションを行う目的や場面，状況などに応じて」とは，考えや気持ちなどを相手に理解してもらったり，したりするために，ゆっくり話したり，繰り返したり，また動作を交えたりするなどの工夫を行うことを指している。

○「主体的に学習に取り組む態度」のポイント

・「主体的に学習に取り組む態度」は，外国語の背景にある文化に対する理解を深め，相手に配慮しながら，主体的に外国語を用いてコミュニケーションを図ろうとしている状況を評価する。

・「聞くこと」は，コミュニケーションを行う目的や場面，状況などに応じて，自分のことや身の回りの物を表す簡単な語句を聞き取ったり，身近で簡単な事柄に関する基本的な表現の意味が分かったりしようとしている状況を評価する。また，文字の読み方が発音されるのを聞いて，どの文字であるかを分かろうとしている状況を評価する。

・「話すこと［やり取り］」は，コミュニケーションを行う目的や場面，状況などに応じて，挨拶，感謝，簡単な指示をしたり，それらに応じたりしようとしている状況を評価する。また，自分のことや身の回りの物について，自分の考えや気持ちなどを伝え合ったり，自分や相手のこと及び身の回りの物に関する事柄について，質問をしたり質問に答えたりしようとしている状況を評価する。

・「話すこと［発表］」は，コミュニケーションを行う目的や場面，状況などに応じて，身の回りの物や自分のことについてや，日常生活に関する身近で簡単な事柄について，自分の考えや気持ちなどを話そうとしている状況を評価する。

・上記の側面と併せて，言語活動への取組に関して見通しを立てたり振り返ったりして自らの学習を自覚的に捉えている状況についても，特定の領域・単元だけではなく，年間を通じて評価する。

※外国語活動では，取り扱う語彙や表現が限られている。よって，ここでいう「コミュニケーションを行う目的や場面，状況などに応じて」とは，考えや気持ちなどを相手に理解してもらうために，ゆっくり話したり，繰り返したり，また動作を交えたりするなどの工夫を行うことを指している。

（2）学習指導要領の「領域別の目標」及び「内容のまとまりごとの評価規準（例）」

	知識及び技能	思考力，判断力，表現力等	学びに向かう力，人間性等
聞くこと	ア　ゆっくりはっきりと話された際に，自分のことや身の回りの物を表す簡単な語句を聞き取るようにする。 イ　ゆっくりはっきりと話された際に，身近で簡単な事柄に関する基本的な表現の意味が分かるようにする。 ウ　文字の読み方が発音されるのを聞いた際に，どの文字であるかが分かるようにする。		

	話すこと[やり取り]
	ア 基本的な表現を用いて挨拶，感謝，簡単な指示をしたり，それらに応じたりするようにする。
	イ 自分のことや身の回りの物について，動作を交えながら，自分の考えや気持ちなどを，簡単な語句や基本的な表現を用いて伝え合うようにする。
	ウ サポートを受けて，自分や相手のこと及び身の回りの物に関する事柄について，簡単な語句や基本的な表現を用いて質問をしたり質問に答えたりするようにする。

	話すこと[発表]
	ア 身の回りの物について，人前で実物などを見せながら，簡単な語句や基本的な表現を用いて話すようにする。
	イ 自分のことについて，人前で実物などを見せながら，簡単な語句や基本的な表現を用いて話すようにする。
	ウ 日常生活に関する身近で簡単な事柄について，人前で実物などを見せながら，自分の考えや気持ちなどを，簡単な語句や基本的な表現を用いて話すようにする。

	知識・技能	思考・判断・表現	主体的に学習に取り組む態度
聞くこと	自分のことや身の回りの物を表す簡単な語句を聞き取ったり，身近で簡単な事柄に関する基本的な表現を聞いたりすることに慣れ親しんでいる。また，文字の読み方が発音されるのを聞くことに慣れ親しんでいる。	コミュニケーションを行う目的や場面，状況などに応じて，自分のことや身の回りの物を表す簡単な語句を聞き取ったり，身近で簡単な事柄に関する基本的な表現の意味が分かったりしている。また，文字の読み方が発音されるのを聞いて，どの文字であるかが分かっている。	言語やその背景にある文化に対する理解を深め，相手に配慮しながら，主体的に外国語で話されることを聞こうとしている。
話すこと[やり取り]	挨拶，感謝，簡単な指示をしたり，それらに応じたりすることに慣れ親しんでいる。また，自分のことや身の回りの物について，自分の考えや気持ちなどを伝え合ったり，自分や相手のこと及び身の回りの物に関する事柄について，質問をしたり質問に答えたりすることに慣れ親しんでいる。	コミュニケーションを行う目的や場面，状況などに応じて，挨拶，感謝，簡単な指示をしたり，それらに応じたりしている。また，自分のことや身の回りの物について，自分の考えや気持ちなどを伝え合ったり，自分や相手のこと及び身の回りの物に関する事柄について，質問をしたり質問に答えたりしている。	言語やその背景にある文化に対する理解を深め，相手に配慮しながら，主体的に外国語を用いて伝え合おうとしている。

巻末
資料

話すこと[発表]	身の回りの物や自分のことについてや，日常生活に関する身近で簡単な事柄について，自分の考えや気持ちなどを話すことに慣れ親しんでいる。	コミュニケーションを行う目的や場面，状況などに応じて，身の回りの物や自分のことについてや，日常生活に関する身近で簡単な事柄について，自分の考えや気持ちなどを話している。	言語やその背景にある文化に対する理解を深め，相手に配慮しながら，主体的に外国語を用いて話そうとしている。

評価規準，評価方法等の工夫改善に関する調査研究について

平成 31 年 2 月 4 日　国立教育政策研究所長裁定
平成 31 年 4 月 12 日　一　　部　　改　　正

1　趣　　旨

　　学習評価については，中央教育審議会初等中等教育分科会教育課程部会において「児童
生徒の学習評価の在り方について」（平成 31 年 1 月 21 日）の報告がまとめられ，新しい
学習指導要領に対応した，各教科等の評価の観点及び評価の観点に関する考え方が示され
たところである。

　　これを踏まえ，各小学校，中学校及び高等学校における児童生徒の学習の効果的，効率
的な評価に資するため，教科等ごとに，評価規準，評価方法等の工夫改善に関する調査研
究を行う。

2　調査研究事項

（1）評価規準及び当該規準を用いた評価方法に関する参考資料の作成

（2）学校における学習評価に関する取組についての情報収集

（3）上記（1）及び（2）に関連する事項

3　実施方法

　　調査研究に当たっては，教科等ごとに教育委員会関係者，教師及び学識経験者等を協力
者として委嘱し，2 の事項について調査研究を行う。

4　庶　　務

　　この調査研究にかかる庶務は，教育課程研究センターにおいて処理する。

巻末
資料

5　実施期間

　　平成 31 年 4 月 19 日〜令和 2 年 3 月 31 日

評価規準，評価方法等の工夫改善に関する調査研究協力者（五十音順）

（職名は平成 31 年 4 月現在）

岩切　宏樹	宮崎県宮崎市立赤江小学校指導教諭
江尻　寛正	岡山県教育庁義務教育課指導主事
大田　亜紀	別府大学短期大学部准教授
加藤　修	福井県教育庁義務教育課主任
黒木　愛	東京都大田区立洗足池小学校教諭
坂田　美佳	徳島県鳴門市板東小学校教諭
佐藤美智子	鳴門教育大学大学院学校教育研究科准教授
日向端　聖	青森県八戸市教育委員会教育指導課副参事
山田百合子	福岡県北九州市立霧丘小学校教頭

国立教育政策研究所においては，次の関係官が担当した。

直山木綿子	国立教育政策研究所教育課程研究センター研究開発部教育課程調査官

この他，本書編集の全般にわたり，国立教育政策研究所において以下の者が担当した。

笹井　弘之	国立教育政策研究所教育課程研究センター長
清水　正樹	国立教育政策研究所教育課程研究センター研究開発部副部長
髙井　修	国立教育政策研究所教育課程研究センター研究開発部研究開発課長
高橋　友之	国立教育政策研究所教育課程研究センター研究開発部研究開発課指導係長
奥田　正幸	国立教育政策研究所教育課程研究センター研究開発部研究開発課指導係専門職
森　孝博	国立教育政策研究所教育課程研究センター研究開発部教育課程調査官

巻末
資料

学習指導要領等関係資料について

　学習指導要領等の関係資料は以下のとおりです。いずれも，文部科学省や国立教育政策研究所のウェブサイトから閲覧が可能です。スマートフォンなどで閲覧する際は，以下の二次元コードを読み取って，資料に直接アクセスする事が可能です。本書と合わせて是非ご覧ください。

① 学習指導要領、学習指導要領解説　等
② 中央教育審議会答申「幼稚園、小学校、中学校、高等学校及び特別支援学校の学習指導要領等の改善及び必要な方策等について」(平成28年12月21日)
③ 中央教育審議会初等中等教育分科会教育課程部会報告「児童生徒の学習評価の在り方について」(平成31年1月21日)
④ 小学校，中学校，高等学校及び特別支援学校等における児童生徒の学習評価及び指導要録の改善等について(平成31年3月29日30文科初第1845号初等中等教育局長通知)
　　　　　　　　　※各教科等の評価の観点等及びその趣旨や指導要録(参考様式)は，同通知に掲載。
⑤ 学習評価の在り方ハンドブック(小・中学校編)(令和元年6月)
⑥ 学習評価の在り方ハンドブック(高等学校編)(令和元年6月)
⑦ 平成29年改訂の小・中学校学習指導要領に関するQ&A
⑧ 平成30年改訂の高等学校学習指導要領に関するQ&A
⑨ 平成29・30年改訂の学習指導要領下における学習評価に関するQ&A

巻末
資料

学習評価の在り方ハンドブック

小・中学校編

P2　学習指導要領　学習指導要領解説

P4　学習評価の基本的な考え方

P6　学習評価の基本構造

P7　特別の教科 道徳, 外国語活動, 総合的な学習の時間及び特別活動の評価について

P8　観点別学習状況の評価について

P10　学習評価の充実

P12　Q&A　－先生方の質問にお答えします－

文部科学省　国立教育政策研究所教育課程研究センター

学習指導要領

学習指導要領とは, 国が定めた「教育課程の基準」です。

（学校教育法施行規則第52条, 74条, 84条及び129条等より）

■学習指導要領の構成
〈小学校の例〉

前文
第1章　総則
第2章　各教科
　　　　第1節　　国語
　　　　第2節　　社会
　　　　第3節　　算数
　　　　第4節　　理科
　　　　第5節　　生活
　　　　第6節　　音楽
　　　　第7節　　図画工作
　　　　第8節　　家庭
　　　　第9節　　体育
　　　　第10節　　外国語
第3章　特別の教科 道徳
第4章　外国語活動
第5章　総合的な学習の時間
第6章　特別活動

**総則は, 以下の項目で整理され,
全ての教科等に共通する事項が記載されています。**

- ● 第1　小学校教育の基本と教育課程の役割
- ● 第2　教育課程の編成
- ● 第3　教育課程の実施と学習評価
- ● 第4　児童の発達の支援
- ● 第5　学校運営上の留意事項
- ● 第6　道徳教育に関する配慮事項

> 学習評価の
> 実施に当たっての
> 配慮事項

各教科等の目標, 内容等が記載されています。

（例）第1節　国語

- ● 第1　目標
- ● 第2　各学年の目標及び内容
- ● 第3　指導計画の作成と内容の取扱い

　平成29年改訂学習指導要領の各教科等の目標や内容は,
教育課程全体を通して育成を目指す資質・能力の三つの柱に
基づいて再整理されています。

ア 何を理解しているか, 何ができるか
　（生きて働く「知識・技能」の習得）
イ 理解していること・できることをどう使うか（未知の状況にも
　対応できる「思考力・判断力・表現力等」の育成）
ウ どのように社会・世界と関わり, よりよい人生を送るか
　（学びを人生や社会に生かそうとする「学びに向かう力・
　人間性等」の涵養）

平成29年改訂「小学校学習指導要領」より
※中学校もおおむね同様の構成です。

詳しくは, 文部科学省Webページ「学習指導要領のくわしい内容」をご覧ください。
(http://www.mext.go.jp/a_menu/shotou/new-cs/1383986.htm)